Gabriele Simon
Erlebnismassagen für Kinder

AF286655

Gabriele Simon

Erlebnismassagen für Kinder

Zauberhafte Berührungen mit
Heilsteinen, Massage und Phantasie

Mit Fotos von Ines Blersch

Edition Cairn Elen
Herausgegeben von Anja und Michael Gienger

Die Angaben in diesem Buch sind nach bestem Wissen und Gewissen zusammengestellt, und die beschriebenen Massagen wurden vielfach erprobt. Da Menschen aber unterschiedlich reagieren, können Verlag und Autorin im Einzelfall keine Garantie für die Wirksamkeit oder Unbedenklichkeit der Anwendungen übernehmen. Bei ernsthaften gesundheitlichen Beschwerden wenden Sie sich bitte an Ihren Arzt oder Heilpraktiker.

1   2   3   4   5   6   7   8   9   10   11   12   13   14   15   10   09   08   07   06   05

Gabriele Simon
Erlebnismassagen für Kinder

© Neue Erde Verlag GmbH 2005
Alle Rechte vorbehalten.

Erschienen in der Edition Cairn Elen,
herausgegeben von Anja und Michael Gienger

Titelseite:
Foto: Ines Blersch
Gestaltung: Dragon Design, GB

Fotos: Ines Blersch, Stuttgart
Assistenz: Jens Volle
Models: Aaron Simon, Tim Färber, Carina Reuther, Jenny Fraaß
Kinderbilder: Julia Markiewicz

Satz und Grafiken:
Dragon Design, GB
Gesetzt aus der ITC Garamond Condensed

Gedruckt auf Recymago aus 100% Altpapier
Gesamtherstellung: Fuldaer Verlagsanstalt

Printed in Germany

ISBN 3-89060-093-X

Neue Erde GmbH · Cecilienstr. 29
66111 Saarbrücken · Deutschland · Planet Erde
www.neueerde.de

Für meinen Sohn Aaron Peter, der mich durch seine
Liebe zu den Anderswelten und Edelsteinen inspirierte.

Mögen die Seelen der Kinder leuchten im Glück,
kommt nun die schöne Zeit mit Mama und Papa am Stück.
Gemeinsam durch die tollen Welten wandeln,
dürfen Mama und Papa erzählen und mit Steinen behandeln.
Die Drachen, Feen, Elfen und Trolle,
bringen Spaß für Alle und das ganz dolle.

Inhalt

Die Sechs Großväter lehrten mich, daß jeder Mann, jede Frau und jedes Kind einmal eine lebendige Macht war, die irgendwo in Raum und Zeit existierte. Diese Mächte hatten keine Gestalt, aber Bewußtsein. Sie waren lebendig. Jede Macht besaß grenzenlose Energie und Schönheit. Diese lebenden Medizinräder waren fast zu allem fähig. Sie waren schön und vollkommen in jeder Hinsicht, außer einer: Sie hatten kein Verständnis für die Begrenzung, keine Erfahrung der Substanz. Diese Wesen waren nichts als Energie des Geistes, ohne Körper und ohne Herz. Sie kamen auf diese Erde, damit sie durch die Berührung die Dinge des Herzens lernen mochten.

Hyemeyohsts Storm, Sieben Pfeile

Berührung

Wenn unsere Kinder aus der geistigen Welt zur Erde kommen, ist die grenzenlose Energie und Schönheit unserer wahren inneren Natur noch sehr präsent in ihnen. Mit einem Lächeln gewinnen sie unsere Herzen, und vom ersten Atemzug an nehmen sie unglaublichen Raum in unserem Leben ein. Das sind nicht einfach kleine Körper, die wir da in Armen halten, es sind in Wirklichkeit Titanen voller Kreativität, Schöpferkraft und vor allem voll unendlicher Energie, die sich in den ersten Jahren ihres Lebens immer erstaunlicher entfaltet.

Von ihrem ersten Erscheinen an wird zwischen ihnen und uns, aber auch hin zur ganzen Welt jener Drang nach Berührung sichtbar, der Wunsch des Ergreifens und Erfassens, der tatsächlichen Begegnung in leiblicher Form, der uns eben nur hier, in unserem Erdenkleid möglich ist. Die kleinen Hände, die sich uns entgegenstrecken, rufen nach Umarmung, nach Kontakt, nach Herzschlag und Haut, nach dem Spüren: »Du bist da!« Auf daß wir durch die Berührung die Dinge des Herzens lernen mögen!

Daher ist das bewußte, zärtliche und hingebungsvolle Berühren eines der schönsten Geschenke, das wir unseren Kindern mit in ihr Leben geben können. Lassen wir sie erleben, daß sich die Welt gut anfühlt, daß Berührung schön ist und daß der Wunsch nach inniger Begegnung, der sie hierher geführt hat, kein unerfüllter Traum bleiben muß! Massagen sind eine sehr schöne Möglichkeit solch inniger Berührung, ein Moment, an dem man sich Zeit füreinander nimmt und nur füreinander da ist. Solche Momente sind wertvoller als teure Spielsachen, können sie doch weder kaputt- noch verlorengehen.

Gabriele Simon hat als Mutter und Masseurin lustige, spannende, herzliche und kreative Erlebnismassagen für (kleine und große) Kinder

entwickelt, in denen sich die innige Berührung von Herz zu Herz, aber auch die spielerische Begegnung mit der Welt wiederfindet. Die Begegnung mit Mutter Erde, die »große Berührung dieses Lebens« (das nicht umsonst das »irdische« genannt wird) findet statt durch die vier Elemente, die als mythologische Wesen ihren Zauber in der Massage weben: Die feurigen Drachen, die mächtigen Trolle, die edlen Feen und die feinen Elfen wirken im Erzählen und Erleben der Massage mit.

Jede ihrer Erlebnismassagen handelt von einer Geschichte, die auch vor, während oder nach der Massage allen neugierigen Ohren erzählt werden kann. Doch sie wird mit Haut und Haaren erlebt, wenn man in den Genuß kommt, sich den Massagen von Gabriele Simon hingeben zu dürfen. Kinder sind begeistert – und einmal auf den Geschmack gekommen, verlangen sie schnell nach mehr! Und das ist das eigentliche Geschenk: Den Wert der wirklichen Berührung zu erleben – in einer Welt, die zunehmend nur noch »Virtuelles« (wörtlich »Unechtes«) bietet!

Gabriele Simons Erlebnismassagen sind so verschieden wie ferne Länder oder gar ferne Welten, und doch haben sie vieles gemeinsam: Die

Freude am kreativen Spiel, die Kunst, Ruhe und Anregung geschickt zu immer neuen Überraschungsmomenten zu verknüpfen, sowie Abwechslung, Vergnügen und die Beteiligung aller Sinne. Zum Einsatz kommen dabei eine fast orientalisch anmutende Fülle verschiedenster Ingredienzien: Öle, Seifen, Wasser, Steine, Blüten, Tücher, Federn, Felle, Haare, Seidenpapier und vieles mehr ...

Edelsteine spielen immer wieder eine wichtige Rolle in den Massagen, sind sie doch das Lied der Erde, die unmittelbare Berührung mit den Kräften unserer Mutter Erde, die uns unser irdisches Kleid schenkt und damit die innige Berührung von Geist und Körper ermöglicht. Jeder einzelne Stein bringt eine unsichtbare, aber sehr wohl spürbare Kraft in die Massage ein, die sich in Körper, Gemüt und Geist entfaltet, sogar dort, wohin nicht einmal Worte reichen.

Und Steine sind keineswegs so hart und kalt, wie wir oft glauben. Gerade in der Massage können wir sie als warm, weich und äußerst angenehm erleben – und als erstaunlich vielfältig: Selbst in rundpolierter oder gar gleicher Form fühlt sich keiner an wie ein anderer. Auch sie sind Individuen, Wesen, die ihrerseits nach Berührung und Austausch streben.

Lassen Sie sich berühren von den Erlebnismassagen Gabriele Simons, von den Geschichten, die mit Händen erzählt werden, und dem Zauber der Drachen-, Trolle-, Feen- und Elfenmassagen. Sehen Sie dieses Buch wie einen Traum, der Bilder entwirft von dem, was sein könnte – und probieren Sie aus, was geschieht, wenn Sie diesen Traum mit eigenen Händen Wirklichkeit werden lassen. Schenken Sie diese Massagen ihren Kindern, Partnern und Freunden (denn sowohl das kleine Kind als auch der große Titan leben noch in jedem von uns) – und schauen Sie, daß Sie auch selbst in den Genuß einer solchen Massage kommen. Es lohnt sich!

Michael Gienger

Die vier Freunde

Sicher kennen Sie von Ihren eigenen Kindern die gewissen Vorlieben in Sachen Filme, Spielsachen, Hörspielgeschichten und Bücher.

So brachte mich mein Sohn Aaron in die Welt der Drachen, und seine Liebe wurde zu »unserer« Begeisterung. Wie der Zufall es so wollte, aus dem Spielen, Erzählen und Toben heraus mutierte ich immer öfter zum Drachen, zur Belustigung meines Sohnes, ja, und da war dann die Idee geboren, dies als Massage an meinem Sohn zu versuchen. Er liebte Massagen sowieso, und als ich ihm meinen Vorschlag darlegte, na was glauben Sie wohl, was mich da erwartete? Jubelnde Begeisterung und Ungeduld.

Seine Freunde Tim, Carina und Jenny waren ebenso neugierig auf das, was mein Sohn in der Schule so erzählte. Doch wie ich beim näheren Hinsehen klar fühlte, war die Drachenmassage bei den Dreien zwar gut, aber nicht optimal. Tim mit seiner einerseits sozialen, aber auch wieder spaßigen Seite und seinem ganzen äußeren Erscheinungsbild rief in mir immer wieder die Trolle vor mein geistiges Auge. Das fühlte sich so stimmig an, und bei Carina waren es viele zarte Elflein, die ich um sie herumschwirren sah. Was sollte dieses zarte Geschöpf mit einer Drachenmassage? Meine liebe Jenny, die Ruhige, die Wissende, mit ihren sprechenden Augen, Avalon, Bilder von damals, und es durchrieselte mich.

Natürlich war die Freude der Kinder riesengroß, als ich ihnen erzählte, daß jeder seine »eigene« Massage bekommen würde. Und wie recht ich mit meiner Wahrnehmung hatte, zeigte sich in dem unendlichen Genuß der Kinder beim Probieren.

Danksagung

An dieser Stelle möchte ich den Vieren, Aaron, Tim, Carina und Jenny, ganz herzlich danken für die Unterstützung und Geduld bei den Fotoaufnahmen, die Freude, den Austausch und Spaß, den wir miteinander hatten und daß die vier wirklich unglaublich »lieb« waren, während der gesamten Zeit, die wir miteinander verbrachten.

Auch Ines Blersch danke ich von Herzen, denn sie hat ein »Händchen« für Aufnahmen und ein »Herz« für die Kinder. Alle wären gern beim nächsten Mal wieder dabei! Den Eltern danke ich für ihr Vertrauen, mir ihre liebsten Kinder anzuvertrauen, eben während der Fotoaufnahmen und vorher zu den Probemassagen. Der 14-jährigen Julia Markiewicz gilt besonderer Dank für ihre künstlerischen Fähigkeiten des Malens. Und zu guter Letzt ein dickes Dankeschön an Michael Gienger, denn ohne ihn wäre ich nicht auf die Idee gekommen, dies alles aufzuschreiben.

Die märchenhaften Erlebnismassagen

Die folgenden Erlebnismassagen für große und kleine Kinder werden immer von einer Geschichte begleitet, die vor, während oder nach der Massage erzählt werden kann. Oder auch vor, während *und* nach der Massage, manche der kleinen Drachen, Trolle, Elfen und Feen können ihre Geschichten gar nicht oft genug hören. So verweben sich die Geschichten auf wundersame Weise mit den Schwingungen und Stimmungen, spiegeln sich in den Massagen und den verwendeten Steinen wider. Sie werden selbst erleben, daß es immer wieder ein individuell neues Erlebnis sein wird, die Geschichte, das Kind, die Massage und die Steine zu erleben, denn die Geschichte erzählt sich bei einem dreijährigen Buben anders als bei einem 13-jährigen Kerle.

Und auch die Steine sprechen ihre eigene Sprache. So gibt es bei jeder Geschichte den Leitfaden mit den Hauptsteinen und noch ein paar Steine, die dazugehören, aber immer individuell integriert werden. Und genau hier wandelt sich auch die jeweilige Geschichte. Hier sind Phantasie und Erzählkunst gefragt. Aber keine Sorge, einmal begonnen, werden Sie staunen, wie gut Sie während des Massierens erzählen können und umgekehrt. Deswegen, kein Tag ist wie der andere, und die Begegnungen mit den Drachen, Trollen, Elfen und Feen sind auch immer wieder neu. Auch die Massagen haben ihr Eigenleben, wie Sie schnell merken, wenn wir nicht strikt am Konzept kleben. Sinnvoll ist es jedoch auf jeden Fall, ein paar Dinge zu beachten.

Das Bereitstellen der Materialien: Richten Sie diese einerseits so her, daß Sie sie bei der Massage schnell zur Hand haben, achten Sie aber andererseits auch darauf, daß sie schön arrangiert sind, denn den wachsamen und neugierigen Kinderaugen entgeht nichts. Durch ein entsprechendes Ambiente arrangieren sich die Energien entsprechend im Raum, und der Beginn der Massage wird schon zum Eintritt in eine Schatzkammer ungeahnter Erlebnisse.

Wärme und bequeme Position: Beim Liegen wird es kühl, vor allem, wenn auch Wasser ins Spiel kommt. Wärmen Sie den Raum daher gut vor. Achten Sie darauf, daß Sie selbst in einer bequemen Position arbeiten können, sonst wird es anstrengend, und es fließt zusätzlicher Schweiß!

Sammlung, Schutz und bewußtes Einfühlen: Nehmen Sie sich zu Beginn der Massage einen Augenblick, um sich zu sammeln. Atmen Sie ein paar Mal bewußt ein und aus, und lassen Sie die Alltagswelt außerhalb des Massageraums zurück. Stellen Sie sich vor, daß Sie und das Kind vor Ihnen in einem geschützten Raum verweilen, frei von allen störenden Einflüssen. Und stellen Sie sich vor, daß Ihre Energien und die des Kindes getrennt bleiben. Vertauschte Energien sind oft eine Belastung. Gönnen Sie sich dann noch einen weiteren Moment, um bewußt hinzuspüren, wie es dem Kind vor Ihnen geht.

Vorbereitende Handlungen: Beziehen Sie vorbereitende Handlungen (wie z. B. das Auslegen der einzelnen Steine, das Verschütteln des Zauberwassers bei der Drachenmassage) ruhig in die Massage mit ein. Werden diese feierlich zelebriert, sind sie eine schöne Eröffnung für die märchenhafte Erlebnismassage.

Durchführung der Massagen: Die Massagen und die Geschichten verlaufen parallel zueinander. Deswegen ist es von Vorteil, vor der ersten Massage zuerst die Geschichten zu lesen, da die Massagetechniken mit einem Vers, Spruch oder Reim verknüpft sind. Durch das Verwenden der Sprüche, Reime und Verse kann das Kind innerlich der Geschichte und äußerlich dem Fühlen besser folgen. Sie selbst finden sich wesentlich leichter auf dem Pfad der Geschichte zurecht und können sich so intensiver auf das Massieren einlassen. Folgen Sie Ihrem inneren Gefühl bei den Massagen, und Sie werden sehen, mit jedem Mal werden Sie beschwingter. Aber Vorsicht, man kann davon schier nicht genug bekommen vor lauter Spaß und lebendigen Energien.

Abschluß der Massage: Wenn die Massage zu Ende ist, dann geben Sie dem Kind noch etwas Zeit in der Märchenwelt der Massage zu verweilen. In dieser Zeit ist es gut, wenn Sie sich selbst wie zu Beginn noch einmal sammeln. Stellen Sie sich dabei auch vor, daß möglicherweise doch vermischte Energien sich wieder trennen und dorthin zurückkehren, wo sie hingehören oder frei gehen. Dieses bewußte geistige Loslassen am Ende einer Massage wirkt sich für alle Beteiligten oft noch einmal spürbar befreiend aus!

Nicht alle Kinder haben am Ende der Massage den Wunsch, noch etwas zu träumen und zu verweilen. Manche springen voller Tatendrang auf und hinaus ins Leben. Nehmen Sie sich dann im Anschluß Zeit zu einer kurzen Sammlung und zum geistigen Rücktausch der Energien.

Begrüßung in dieser Welt: Für die eher noch träumenden Kinder ist es oft gut, nach Abschluß der Massage als »Held« oder »Heldin« der Geschichte wieder in der »hiesigen Welt« begrüßt zu werden. Das kann auch eine

Frage sein: »Hallo, mein Held, wie war die Reise?« Lassen Sie die Kinder erzählen, wenn sie wollen, und nehmen Sie sich die Zeit, ruhig zuzuhören.

Loslassen der »Behandlerrolle«: Auch als Massierende können wir tief in die Märchenwelt eintauchen. Vor allem, wenn wir die Geschichten schon gut kennen und beim Massieren selbst innerlich nachvollziehen (was das Allerbeste bei diesen Kinder-Erlebnismassagen ist). Je nachdem, was im Alltag anschließend auf uns wartet, kann es dann sinnvoll sein, die »Behandlerrolle« bewußt wieder loszulassen. Hilfreich ist hier oftmals schon das Aufräumen des Raums.

Reinigung der Steine: Reinigen Sie Ihre Massagesteine gleich im Anschluß unter fließendem Wasser und gönnen Sie ihnen auch eine feinstoffliche Reinigung auf einem Amethystdrusenstück.

Besonders beliebt bei den Kindern ist das Einsammeln der Edelsteine und Baden im Rest des Massagewassers. Für die Kinder eine ganz wichtige Aufgabe, dann die Steine einzeln im Bad zu waschen und sanft zu trocknen. Oftmals tauchen die Kinder dann nochmals in die Welt der Erzählung und der Steine ein und führen Gespräche mit den fleißigen Helfern, schaffen innige Verbindungen zu den jeweiligen Steinen.

Kleiner Tip: Sollten Sie sich beim Massieren oder speziell im Umgang mit Massagesteinen noch unsicher fühlen, empfehle ich Ihnen das Buch von Michael Gienger »Edelstein-Massagen«, das sehr schön alle Grundlagen erläutert.

Die
Drachenmassage

Drago, der Wunschdrache

Jeder kennt Drachen. Da gibt es die »weiblichen« Hausdrachen, die lahmen Schnarchdrachen, Märchendrachen, Kraftdrachen, Schutzdrachen und manchmal gar böse Dämon-Drachen.

Die Welt ist erfüllt mit Drachen, doch leider für die meisten Menschen nicht mehr sichtbar, und so ging es auch dem kleinen Aaron.

Sein allersehnlichster Wunsch war, endlich auf die Suche nach den Drachen zu gehen, in Höhlen herumzustöbern in der kindlichen Hoffnung, ihn zu finden, den Freund der Freunde.

Und so geschah es, daß sich eines Tages der kleine Aaron auf den Weg zu seinem Drachen machte, denn er hatte, heimlich, von dem grünen Zaubertrank seiner Mutter getrunken. Etwas müde von der Wanderung legte er sich in das grüne Gras, zählte die Wölkchen am Himmel, suchte dazwischen seinen Drachen und schloß die Augen. Der Wind strich ihm sanft durch das Haar, und die Sonne wärmte ihn mit kräftigen Strahlen.

Die Wärme spürend bemerkte er, daß es feucht wurde, warm und feucht. Die Höhle konnte nicht mehr weit sein, denn er lief an einem Bach entlang. Lustig plätscherte das Wasser vor sich hin, und der Bach murmelte in seiner Weise. Die Steine waren glitschig, voller Algen und Moos, so richtig seifig und speichelig. Aaron mußte sehr aufpassen, daß er sein Gleichgewicht halten konnte, denn er wollte gewiß nicht unfreiwillig baden gehen, hier, wo die Sonnenstrahlen kaum noch durch das Blätterdickicht drangen und sich links und rechts große Felsen erhoben. Tapfer stapfte er weiter, mit dem Wunsch im Herzen, seinen Freund den Drachen zu finden.

Plötzlich blieb er stehen, die Felsen waren so dunkel, alles um ihn herum war ruhig, selbst die Vögel waren verstummt, kein Windhauch war auf der Haut zu spüren. Unbehagen stieg ihm den Rücken hinauf, so ein dunkles Unbehagen, welches die Nackenhärchen aufstellt. Nein, er hatte keine Angst, oder doch? Nein, er war doch mutig, vielleicht nicht genug? Nein, er war beschützt und mutig und würde seinen Drachen sicher finden, oder nicht? Oh, diese Zweifel und Unsicherheit nagten plötzlich an ihm. Und was, wenn er noch nicht einmal wüßte, wie sein Freund heißt? Ja, einen Namen brauchte er für seinen Drachen, und da hörte er in sich eine innere Stimme: »Drago! Nenn mich einfach Drago.« Jetzt wußte er, der Weg war frei und das Tor offen, dem Weg in die Tiefe der Höhle zu folgen. Er hob einen kleinen klaren, länglichen Stein auf, in dem grünes Drachenhaar eingefangen war, und wußte, daß dies sein Jägerstein war, der ihm half, auf der Fährte des Drachen zu wandern. Zielstrebig und sich seines Wunsches bewußt schritt er unbeirrten Fußes voran und erblickte einen Teppich aus dunklem, silbrig schimmernden Moos, ganz weich, ganz arg wohlig, und er machte eine kurze Rast. So ruhte er sich aus, tankte neue Kräfte und fand einen Stein, ebenso grün und weich wie das Moos. Ja, den nahm er mit, der würde sein Kraftstein für die Reise werden.

Der Bach lag nun etwas links von ihm, und zu seiner Rechten erstreckten sich die hohen Felswände. Ein paar Schritte voraus standen, jeweils zur linken und rechten Seite, zwei mächtige Eichen. Aaron hielt den Atem an, noch nie hatte er solch majestätische Bäume gesehen. Unweigerlich berührte er mit seinen kleinen Händen die rauhe Rinde des linken Baumes, blickte empor bis in den Wipfel und sah ein helles, frisches, erquickendes Grün, reinste Lebenskraft. Ihm war plötzlich zum Hüpfen und Singen zumute, und so ging er leichten Schrittes vor sich hin, trällernd durch das Eichentor hindurch. Der Weg wurde breiter und stieg langsam an, der Bach zu seiner Linken lag ein gutes Stück unter ihm. Schnellen Schrittes und mit der Kraft seines Herzens spürte Aaron, daß es nicht mehr weit war zu seinem Freund Drago.

Plötzlich stieß er mit seinem Fuß gegen einen Stein, und er sah, wie dieser vor ihm hertanzte. Er war leuchtend grün, ja, so wie er es bei den Eichen gesehen hatte. Flink hob Aaron den Stein auf, schaute hinein in sein Inneres und sah die Höhle, den Weg hinein zu seinem Drachen. Er stopfte den Stein zu den beiden anderen und nannte ihn den Heldenstein, denn Helden wissen immer mehr als andere.

Mit einem spitzbübischen Grinsen und leuchtend blauen Augen lief er beinahe vor lauter Erwartung und bemerkte, daß immer mehr von diesen Steinen den Weg säumten. Er sah auf, denn an sein Ohr drang das Geräusch von fallendem Wasser, und tatsächlich, weiter vor ihm war ein Wasserfall. Leichter kühler Wind drang an seine roten Wangen, ja, dort war der Eingang zur Höhle, ganz, ganz sicher. Mit klopfendem Herzen ging er rasch weiter, die linke Hand in die Hosentasche fahrend und nach den Steinen tastend. Der Jägerstein blieb in seiner Hand liegen, und er nahm ihn heraus. Jetzt ging es los, sein Herz klopfte bis in die Ohren, seine Hände waren eiskalt und sein Mund wie ausgetrocknet vor lauter Anspannung. Er tastete sich vorsichtig an den Felsen rechtsseitig entlang, denn der Weg war nunmehr nur noch ein ganz schmaler Pfad, auf dessen linker Seite eine felsige Steinböschung abfiel, hin zu dem kleinen, dunklen und sicher sehr tiefen See, welcher von dem Wasserfall gespeist wurde. »Krah, krah«, ertönte das Krächzen eines Raben, und Aaron wendete seinen Blick unwillkürlich in die Richtung des schimpfenden Vogels. Ihm war plötzlich ganz mulmig zumute, der Boden drohte unter ihm wegzubrechen, und er spürte, wie seine Beine zitterten. Seine Finger griffen angstvoll in die Felswand. Unter seiner rechten Hand löste sich ein kleines glattes Steinchen. Aaron packte es, war jedoch nicht fähig, hinzusehen. Er hielt dieses Steinchen so fest, daß das Weiße seiner Knochen hervortrat. Er spürte eine vertraute Kraft von seiner Hand emporsteigen, ein Gefühl von Größe, von unendlicher Zähigkeit und Ausdauer. Er spürte, wie die Kraft durch seine Wirbelsäule fuhr und er sich innerlich aufrichtete, seine Muskeln sich lockern konnten und er seine ganze Konzentration auf sein Ziel bündelte. Diesen Stein nannte er liebevoll »Dämonenstein«, da er diese wirklich gekonnt vertrieben hatte.

Immer näher kam er an den Wasserfall, der ihm immer größer erschien, und er spürte die Gischt auf seiner Haut.

Nun sah er, daß dieser schmale Pfad hinter dem Wasserfall entlangführte. Er war sicher, dort war der Eingang. Seine Nerven waren bis auf das äußerste angespannt. Was würde ihn erwarten, wie würde er aussehen, würde er mit ihm sprechen, wußte er schon, daß er, Aaron, kommt? Fragen über Fragen purzelten so durch seinen Kopf, Herzklopfen, Zittern in den Gliedmaßen und diese feine Nässe der Gischt. Schreien, ja, schreien wäre jetzt die Befreiung, damit dieses übermäßige Gefühl aus ihm herauskommen möge. Über seine Lippen kommt jedoch nur: »Craigh na Dun Stein, Craigh na Dun Stein, Craigh na Dun Stein«, und ein Teil versteht und ein anderer Teil versteht gar nichts. Doch seine Augen erblicken einen Stachelbeerstrauch, der wie verzaubert auf der rechten Seite des Eingangs steht. An den knorrigen Zweigen hängen kleine kugelige grünlich schimmernde Steine. Zaghaft, aber mit unbändiger Neugier und erwachtem Forschergeist streckt Aaron seine Hände aus, um diesen Strauch zu berühren. Wie ein Sog zieht es ihn in die Richtung des Strauches, und es ist ihm, als tauche er in den Strauch hinein, in eine verborgene Welt. Doch als er merkt, daß seine Augen geschlossen sind, schreckt er kurz auf, und alles ist, wie es war.

Feucht und erdig ist es, im Hintergrund das Rauschen des Wasserfalles. Vorsichtig, Schritt für Schritt, erkundet Aaron die Höhle. Die linke Hand umfaßt den Kraftstein. Fahles Licht fällt in das Innere der Höhle, und immer wieder das Leuchten der grünen Heldensteine. Aarons Sinne sind angespannt, er atmet flach, um ja nicht zu laut zu sein. Seine Gedanken rasen durch seinen Kopf: »Wo mag er sein, wie sieht er aus, mag er mich, was passiert«, und auf einmal fällt ein goldener Tropfen auf seinen Unterarm, dann ein Tröpfchen auf die Wange, und immer mehr klitzekleine goldene Tröpfchen fallen auf Aaron herab. Verrückt, denkt er, ob es der Goldmarie wohl auch so ging? Und da steht sie, die goldene Wölfin mit den bernsteinfarbenen Augen.

»Komm mit mir, ich führe dich zu Drago.«

Offenen Mundes folgt Aaron der goldenen Wölfin, achtet genau auf den Weg, merkt sich die kleinsten Details und spürt eine sich unmerklich steigernde Wärme.

»Schau, kleiner Held, Drago hat auf dich gewartet. Gehe dort hinunter!«

Sie zeigt mit ihrem Kopf in die Richtung, und so plötzlich, wie sie gekommen war, so plötzlich ist sie verschwunden. Aaron blickt ungläubig auf den Platz und sieht einen länglichen goldfarbenen Stein. »Danke Wölfin, danke. Das wird mein Wolfstein, für immer.«

Glücklich und so richtig fröhlich geht er den Weg hinunter und kommt in eine große Höhlenhalle. Es funkeln vielerlei Steine überall, und es fühlt sich alles so unglaublich kraftvoll an. »Ooooooh«, bringt Aaron nur staunen hervor. Er fühlt sich wie daheim, nur viel größer, viel männlicher, viel näher bei Gott, eben göttlicher.

Rechts um die Ecke wirbelt Staub auf. Aarons Herz klopft, denn er weiß, dort, dort ist sein Drachenfreund Drago. Er kann sich nicht mehr halten und läuft dort hin, und als er um die Ecke biegt steht er vor ihm, vor *ihm*. Stumm vor Staunen blickt er hinauf in das freundlich dreinblickende Drachengesicht, und Tränen des Glücks kullern ihm über die Wangen.

»Willkommen mein Freund, ich habe dich erwartet.«

Aaron fehlen die Worte. Seine rechte Hand gleitet über die vordere Kralle, welche ihm bis zum Bauch reicht.

»Schau Aaron, siehst du die vielen funkelnden Edelsteine?«

Aaron blickt sich um, nickt und bringt ein leises »Ja« heraus.

»Schau dort, dieser klare mit den kleinen Blutstropfen, das ist der Lebenssaftstein, der wäre dir begegnet, wenn dich deine Kraft verlassen hätte. Und dort drüben, dieser rote Stein, den hätte ich dir geschickt, wenn sich dein Mut in Angst verwandelt hätte.«

Aaron lehnt an der Vorderpfote seines Drachenfreundes, hört aufmerksam zu, den goldenen Wolfstein in der Hand bewegend, und sagt: »Danke Drago, danke, daß du mir geholfen hast, dich zu finden.«

Nun ist Aarons Neugier geweckt, und er fragt nach den bräunlich-klaren Steinen, und sein Drago erzählt ihm vom falschen Weg, den Anstrengungen und Gefahren, die lauerten, und daß dies der Unheilabwendestein sei. Drago nimmt Aaron in seine Klaue und hebt ihn hoch.

Hui, welch ein ungewohntes Gefühl für ihn, aber er versteht sofort, was sein Freund meint, und klettert auf seinen Rücken und von dort in den Nacken, wo er einen guten Platz vor einem Kammdorn findet. Er beugt sich vornüber und kommt so auf dem Kopf seines Freundes zu liegen.

»Warum ist deine Höhle so schimmernd schwarz und teilweise so weiß-braun gemasert?«

Drago erzählt Aaron, daß seine Höhle eine Zauberhöhle sei, denn in ihr findet man die Mama und den Papa, kann sich mit ihnen versöhnen und wieder in Harmonie und Gleichgewicht kommen. Ja, und die braun-weißen Maserungen sind einfach die verschiedenen Wege, die es gibt, um zum Drachenfreund zu gelangen und seine Hilfe zu bekommen. »Sag do nix, das ist so!«

»Was«, fragt Aaron, denn das hatte er nicht verstanden und versuchte zu wiederholen: »Sard o nyx?«

Drago lächelt und sagt: »Drachenfreund, dieser Stein zeigt den Weg zu uns Drachen, und deswegen ist er der Drachenfreundstein. –

So, nun wird es Zeit, zu gehen, mein lieber Freund Aaron.« Und Drago legt sein Haupt ganz flach auf den Höhlenboden, so daß Aaron wie auf einer Rutsche hinuntergleiten kann.

»Ich hab dich so sehr lieb, Drago. Ich komme dich ganz bestimmt mal wieder besuchen, ganz sicher.«

Dragos gütige Drachenaugen blinzeln, und er bläst durch die Nasenlöcher.

»Geh jetzt, mein Kleiner, es wird Zeit.«

Aaron geht los, und plötzlich ist ihm, als sei er durch eine Nebelwand gegangen. Er dreht sich um und steht draußen auf der grünen Wiese. Er blickt wieder nach vorne und sieht sich selbst im Gras liegen. Völlig verwirrt legt er sich dazu.

»Hey, kleiner Schnarchdrache, aufwachen! Ich habe dich überall gesucht!«

Aaron blinzelt hinauf und sieht seiner liebevoll dreinblickenden Mutter entgegen.

Schnell schließt er wieder die Augen, denn er kann es noch nicht ganz fassen, was ihm da Wundervolles geschehen ist. Doch seine Mama läßt ihn nicht und wird nun energischer, denn es ist Zeit für das Abendessen.

»Mama, magst du richtige Drachen genauso gern wie Schnarchdrachen?«

Etwas verwirrt blickt seine Mutter ihn an und sagt: »Ja, wenn die alle so süß und lieb sind wie du!« Lachend gehen beide heim.

Einführung in die Welt der Drachenmassage

Die Drachenmassage ist eine spannende, lustige, sanfte und vielfältige Berührung, welche die Sinne des Kindes aktiviert, seine Phantasie aufleben läßt, seelisch-energetisch harmonisiert und entspannt.

Durch die Verwendung verschiedener Materialien und Techniken ist es immer eine erneute Herausforderung des »inneren« Phantasiedrachen und des »äußeren« Fühldrachen. Wichtige Elemente bei dieser Art von Massage sind die Schulung der Sinne, das sanfte sicherheitsspendende Berühren und die verschiedenen Edelsteine. Das »Grün« welches den Drachen im Außen symbolisiert, findet sich bei allen verwendeten Materialien wieder. Die Komplementärfarbe zu Grün ist Rot, das »Innere« des Drachens, welches zu finden sich lohnt!

Bedeutung von »Grün« (Drachenhaut) und »Rot« (Drachenblut und Feuer) bei der Massage

Das äußere Grün wirkt beruhigend und harmonisierend. Die entsprechenden »Drachen-Steine« wirken neutralisierend und auch anregend auf Leber, Galle und den Gesamtstoffwechsel. Die Körperentgiftung wird beim Kind stimuliert und die Regenerationskraft optimiert. So können sich auch Wut und Zorn entladen. Man denke hier nur an die feuerspeienden Drachen, die vor Zorn grün anlaufen. Wie heißt es doch so schön: Grün ist die Farbe der Hoffnung und wenn der Drache seinen roten Feuerball losgeworden ist oder entsprechend wieder fließender seine »Feuerflamme« nutzen kann, ja, dann geht es doch sogleich mit mehr Lebenswillen, Begeisterung und Phantasie weiter.

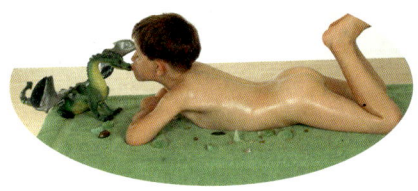

Woher stammt die Drachenmassage?

Sie ist mir kosmisch zugefallen, und die irdischen Helfer haben mich gut darauf vorbereitet. Als ich 1994 mit Michael Gienger die erste Steinheilkunde-Ausbildung erlebte, begann für mich eine Zeit, in der ich immer wieder auf »das erste Mal« traf. So auch auf die Vitalkörper- und Stoffwechselmassagen. Begeistert wendete ich diese Massagen im privat-persönlichen Kreis an. Mein Forscherdrang als Luftzeichen brachte mich zu vielerlei Möglichkeiten, mit Edelsteinen und Massagen zu arbeiten. 2002 lernte ich Heilpraktiker Matthias Will kennen und seine einzigartige Aloe Vera Massage. Dies veranlaßte mich endlich, über den persönlich-privaten Kreis hinaus zu massieren, und ich wurde mit großem Erfolg und Dankbarkeit belohnt.

Ich fühlte, daß dies erst der Anfang war, und so erlernte ich bei Heilpraktiker Uwe Reinelt die Breuss-Dorn-Fleig-Massage, welche ich 2004 nochmals vertiefen durfte bei Heilpraktiker Harald Fleig persönlich. Die Wurzeln der Drachenmassage waren gelegt. Die Liebe meines Sohnes Aaron zu den Drachen und seine Begeisterung, massiert zu werden, aktivierten mich schöpferisch, und ich gebar diese Art der Massagen. Die glücklichen Augen meines Sohnes und die Begeisterung der inneren Kinder bei den Erwachsenen lassen den Drachen freudig mit dem Schwanz schlagen.

Was bewirkt die Drachenmassage mit Edelsteinen?

Die Drachenmassage mit ihren unterschiedlichen Materialien wie Wasser, Stoffe, Liquid Soap, Öl und Edelsteinen löst Energieblockaden und hilft so, die eigenen Kraftquellen wieder so richtig fließen zu lassen. So harmonisieren und zentrieren sich Körper, Seele, Geist und Verstand. Insbesondere der Blasenmeridian und die Reflexzonen der inneren Organe werden hier angeregt und ins Gleichgewicht gebracht. Spürbar wird dies oftmals nach der Massage, wenn sich das allgemeine Körpergefühl verbessert hat und einem leuchtende, klare Augen entgegenstrahlen. Die Sensibilisierung unserer Sinne ist wichtig und unterstützt uns, ein besseres Körperverständnis zu bekommen.

Die unterschiedlichen Edelsteine verstärken entsprechende Themen und beschleunigen so den eigenen Weg in die innere Kraft, welche dann nach außen dringen kann und so manche Wünsche und Träume wahr werden läßt.

Zuwendung und Zeit füreinander tut uns allen gut, und so eine Massage ist ein wahres Geschenk des Herzens. Sie wird immer mit tiefstem Dank und höchster Freude genossen.

Na, Lust auf einen Drachen?

Probieren Sie es einfach mal aus, denn die Massage erweckt so manchen Schnarch-DRACHEN zu wahrhaft pfiffigen und gewitzten Abenteuer-DRACHEN.

Utensilien für die Drachenmassage

Bezeichnung	Was es ist	Anmerkung/Bezugsquellen	Mögliche Alternativen
Drachen-lager	Massageliege oder Matratze	Ein bequemes, aber auch festes Lager, so daß Sie gut massieren können. Idealerweise mit Leintuch in Grün (Farbwirkung!)	Andere drachentypische Lager wären: hellgrüne bis dunkelgrüne Badehandtücher, Stofftücher oder Decken
Drachen-feuer	Heizlüfter oder andere gute Wärmequelle	Der Raum muß für die Massage sehr warm sein, da auch mit Flüssigkeit massiert wird.	Eine gute Möglichkeit sind auch Infrarotstrahler, wie sie z. B. über Wickeltischen eingesetzt werden (falls noch vorhanden).
Drachen-haut	Badehandtuch, Handtuch, Waschlappen,	Wichtig: Farbe Grün (Farbwirkung!); diese Utensilien sollten am besten aus Naturfasern sein!	Handtücher und andere Stoffe in den o. g. drachentypischen Farben.

Bezeichnung	Was es ist	Anmerkung/Bezugsquellen	Mögliche Alternativen
	Handschuhe, Puschel, Schwamm		
Kraft-wasser	Karaffe mit kaltem Wasser + transparente Plastikschüssel	Je schöner die Gefäße sind, desto besser für den Augenschmaus und die ganzheitliche, sinnliche Massageerfahrung	Irgend etwas Nettes, Exotisches oder Ungewöhnliches findet sich in jedem Haushalt.
Zauber-tropfen	Amethyst-Essenz	Im Mineralienhandel, bei der Vielfaltoase oder direkt bei den Herstellern erhältlich.*	Amethyst-Wasser: Klaren Amethystkristall mehrere Tage in Wasser legen
Zauber-trank	Mixtur aus Pro-vitamin B5, Meeresminera-lien, Blaualgen, Zedernextrakt, Blütenextrakte	Hautpflegende Mixtur mit Vitaminen, Mineralien und anderen stärkenden Substanzen. Da in der Herstellung aufwendig, können kleine Mengen bei der Vielfaltoase* bezogen werden.	Eine eigene hautpflegende Mixtur aus natürlichen Bestandteilen. Meine persönliche Empfehlung: Gute, fachgerechte Beratung in Bioläden!
Drachen-atem	1 Liter heißes Wasser	1 Liter Wasser im Wasserkocher kochen und mit geschlossenem Deckel stehen lassen	Wasser vor der Massage kochen und dick in Tücher eingewickelt warmhalten.
Zauber-wasser	körperwarmes Wasser mit Amethyst-Essenz	etwas kaltes Wasser in die Plastikschüssel füllen, 10 Tropfen Amethyst-Essenz einträufeln, bei Beginn der Massage mit heißem Wassers auffüllen, bis eine angenehme körperwarme Temperatur erreicht ist.	Über mehrere Tage angesetztes Amethyst-Wasser in die Plastikschüssel geben und bei Beginn der Massage mit heißem Wassers auffüllen, bis eine angenehme körperwarme Temperatur erreicht ist.
Drachen-speichel	Aloe Vera Liquid Soap	Feuchtigkeitsspendende Flüssigseife mit 33% Aloe Vera Anteil und ausgewogenem pH-Wert. Zu beziehen bei selbständigen Beratern der Fa. Forever Living Products GmbH oder bei der Vielfaltoase*.	Ähnliche hochwertige Aloe Vera Produkte oder andere feuchtigkeitsspendende Flüssigseifen mit ausgewogenem pH-Wert. Z. B. Santa Verde, spezialisiert auf breites Sortiment an kos-

Bezeichnung	Was es ist	Anmerkung/Bezugsquellen	Mögliche Alternativen
			metischen Produkten auf Aloe Vera Basis.*
magisches Elbenöl	1 l Erdnussöl, 70 ml Hirtentäschelöl, 70ml Brennnesselöl und 20ml Lavendelmix	Spezielle Mischung zum Weichmachen von Muskelverhärtungen durch Fehlhaltungen im Alltag. Erhältlich bei HP Harald Fleig* oder bei der Vielfaltoase*	Andere Produkte mit ähnlicher Wirkung, die jedoch ausschließlich aus biologischen Zutaten bestehen sollten!
Schutzschild	Säurefreies Seidenpapier	Wird speziell in der Breuß-Dorn-Fleig Massage verwendet. Erhältlich auch im Zubehörhandel für Schmuck und Goldschmiede oder bei der Vielfaltoase*	Andere Seidenpapiere, die jedoch unbedingt säurefrei sein müssen! WICHTIG!
Treue Gefährten	*Edelsteine* getrommelt, roh und als Kugel	Erhältlich im gut sortierten Mineralienhandel oder anderen Fachhändlern mit Mineraliensortiment, auch bei der Vielfaltoase.*	Wenn bestimmte Steinsorten nicht zu finden sind, verwenden Sie andere Steine mit ähnlichen Wirkungen.
Trommelsteine	länglich und schmal	Aktinolithquarz, der Jägerstein Aventurin, der Kraftstein Chalkopyrit, der Wolfsstein Hämatitquarz, der Lebenssaftstein Gagat, der Dämonenstein	
	flach und kleiner	Hypersthen, der Mutter-Vater-Stein Jaspis, der Tatstein	
	flach und sehr klein	Rutilquarz, der Feenhaarstein Sardonyx, der Drachenfreund	
	klein, leicht rundlich	Grossular, der Craigh na Dun Stein Rauchquarz, der Unheilabwenderstein	
	Rohsteine	Calcit grün, der Heldenstein	
	Kugel	Obsidian, der Zauberstein	

* siehe auch Bezugsquellen im Anhang

Durchführung der Drachenmassage:

01. Bereitstellen der Materialien (Utensilien und Steine für die Massage).

02. Bequeme Position für die zu behandelnde Person und ausreichend Wärme.

03. Sammlung, Schutz und bewußtes Einfühlen in die Reise zum Drachen, und dann das Zauberwasser (Amethystwasser) mit heißem Wasser (Drachenatem) mischen.

04. Mit grünem Waschlappen in den warmen Zauber-Wasser-Atem eintauchen, den Rücken sanft von der Kreuzbeingegend aufwärts hinaufstreichen.

05. Über die rechte Schulter hinabfahren und linksseitig wieder hinauf.

06. Vom Nacken aus in großzügigen Schlangenlinien hinabfahren.

07. Grünen Lappen beiseitelegen.

08. Grüne Handschuhe (Drachenhaut) anlegen.

09. Aloe Vera Liquid Soap in die Hand und vorsichtig ins Zauberwasser eintunken

10. In der Mitte des Rückens beginnen und in kreisenden Bewegungen den Rücken reinigen.

11. Mit dem grüne Schwamm (Drachenschuppen) vom Kreuzbein beginnend ganz außen rechtsseitig über den Rücken nach oben fahren und über die linke Seite hinab.

12. Mit der weichen Seite im inneren Bereich des Rückens den Schaum aufnehmen.

13. Weiches Handtuch auf den Rücken legen und mit gespreizten Händen Rüttelbewegungen (kleines Drachen-Erdbeben) zum Trocknen des Rückens machen.

14. Mit Öl den Rücken sanft einmassieren, um die Öffnung des Tores zur Drachenhöhle einzuleiten.

15. Obsidiankugel am Kreuzbein anlegen und mit der Handinnenseite über den Rücken rollen (Öffnung des Höhleneingangs).

16. Dann Obsidiankugel zwischen den Beinen im Oberschenkelbereich ablegen.

17. Grüne Rohcalcite nach Empfinden auf den Rücken auflegen.

18. Mit Aktinolithquarz am linken Schulterblatt beginnend, in wechselnden Spiralbewegungen die linke Seite hinabfahren und wieder hinauf.

19. Spüren, an welcher Stelle der Aktinolithquarz liegenbleiben will und dort lassen.

20. Mit Aventurin am rechten Schulterblatt beginnend, in wechselnden Spiralbewegungen die rechte Seite hinabfahren und wieder hinauf.

21. Spüren, an welcher Stelle der Aventurin liegenbleiben will und dort lassen.

22. Je nach eigenem Empfinden weitere Drachensteine verwenden und auflegen.

23. Nun fallen in Wasser getränkte Rutilquarzsteinchen als Feenhaar-Tröpfchen auf den Rücken.

24. Nehmen Sie den Chalkopyrit und fahren Sie in wechselnden Spiralbewegungen durch die aufgelegten Edelsteine, bis der Drache gefunden ist und Sie merken, daß der Stein liegenbleiben will.

25. Nehmen Sie den grünen Puschel (Drachenbauch) und wirbeln Sie sanft über den ganzen Rücken des Kindes, auch wenn vielleicht manche Steine herunterfallen und andere sich festgesaugt haben.

26. Entfernen Sie während dieses Vorgangs langsam die aufgelegten Edelsteine, zuerst jene, die eh schon von selber purzeln, und zuletzt diejenigen, die scheinbar festkleben.

27. Legen Sie die Steine einfach um den Körper des Kindes herum ab.

28. Den Puschel (Drachenbauch) zur Seite legen.

29. Mit Öl den Rücken sanft einmassieren.

30. Mit gespreizten Händen vom Nacken zum Kreuzbein herunterstreichen (Drachenschritte), solange, bis der Drache gegangen ist.

31. Seidenpapier auflegen und sanft von oben nach unten über das Kreuzbein und die Beine hinabfahren, Hände ausschütteln und wieder von vorne beginnen, bis Sie spüren, daß es genug ist. Das Tor ist wieder geschlossen und die Massage beendet.

32. Rücktausch übernommener Energien und Auflösung im Raum hängender Energien.

33. Verabschiedung des Drachen und Begrüßung des kleinen »Helden« bzw. der kleinen »Heldin«.

34. Das Kind die abgelegten Steine um den Körper anschauen lassen.

35. Kurz fragen, wie ihm/ihr die Massage gefallen hat oder ggf. Fragen beantworten.

36. Bewußtes Loslassen der »Behandlerrolle«.

37. Reinigung der Edelsteine, lüften und ggf. Aufräumen des Behandlungsraumes.

Erzählen und mit dabeisein bei der Phantasie-Fühl-Reise zum Drachen

PKT. 01 - 07 VORBEREITUNG DER REISE ZUM DRACHEN
PKT. 08 - 10 DRACHENBEGRÜSSUNG

»Drache, Drache, hörst du mich,
möchte gerne sehen dich.« Oder:
»Drache, Drache, sei gegrüßt.«

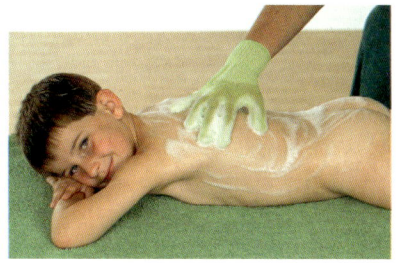

Grüne Handschuhe (Drachenhaut)
massieren »schäumend« in kreisen-
den Bewegungen.

PKT. 11 - 12 DRACHENSCHUPPEN
FÜHLEN UND GENIESSEN

»Schuppe hier, Schuppe da, deine
Haut ist wunderbar.«

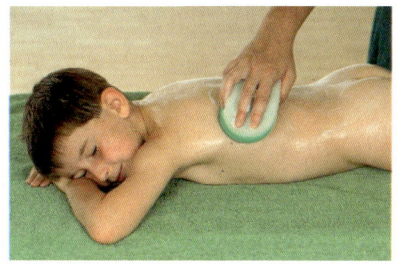

Grüner Schwamm (Drachen-
schuppen) nimmt den Schaum auf.

PKT. 13 DRACHEN-BEBEN

»Hier bin ich, und wo bist du?«

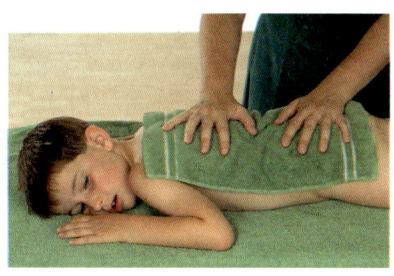

Grünes Handtuch und gespreizte
Hände bedecken den Rücken, bewe-
gen den Körper hin- und herrüttelnd
(Drachenbeben).

PKT. 14 ÖFFNUNG DES TORES ZUR DRACHENHÖHLE

»Elbenöl, Elbenöl, bereit den Weg zur Drachen-Höhl.«

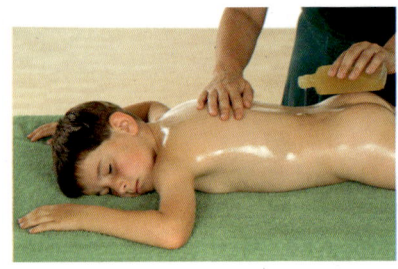

Elbenöl wird sanft auf dem Rücken verteilt

PKT. 15 - 16 ZAUBERSTEIN ÖFFNET DAS TOR IN DIE DRACHENWELT

»Zauberstein, Zauberstein, öffne Tor zum Höhlenheim.«

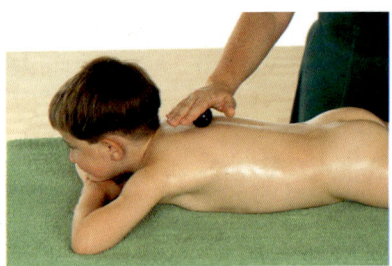

Obsidiankugel- (Zauberstein-) Massage, Öffnung energetisch

PKT. 17 HELDENSTEINE, DIE GRÜNEN WEGWEISER

»Heldenstein für Heldenstein, weist den Weg in grünem Schein.«

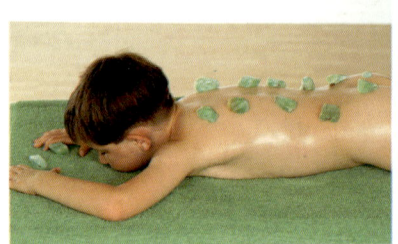

Rohcalcite (Heldenstein) werden aufgelegt.

PKT. 18 - 19 JÄGERSTEIN HILFT, AUF DER RICHTIGEN SPUR ZU BLEIBEN

»Jägerstein, oh Jägerstein, find des Drachen verstecktes Heim.«

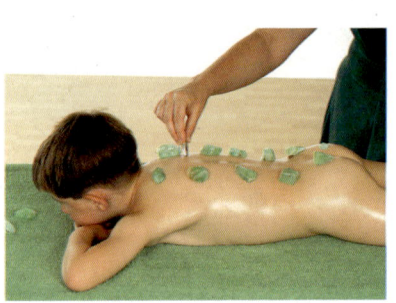

Aktinolithquarz (Jägerstein) fährt in wechselnden Spiralbewegungen über den Rücken.

PKT. 20 - 21
DER KRAFTSTEIN HILFT

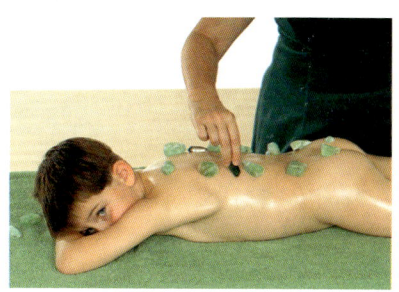

»Kraftvoll geh ich tief hinein, führt mich doch mein Kräftestein.«

Aventurin (Kraftstein) streicht und wirbelt über den Rücken.

PKT. 23 FEENHAAR-TRÖPFCHEN
SCHÜTZEN

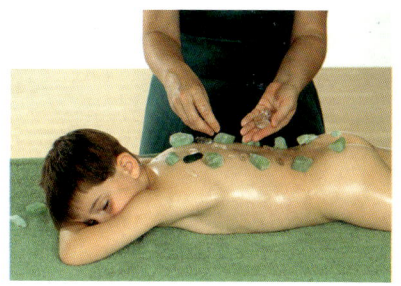

»Tröpfchen hier und Tröpfchen da, umwebt wirst du mit Feenhaar. Schützt dich vor Bösem immerdar, goldner Umhang Feenhaar.«

Rutilquarze (Feenhaar) mit Wassertropfen liegen auf dem Rücken auf.

PKT. 24 DRACHENSUCHE

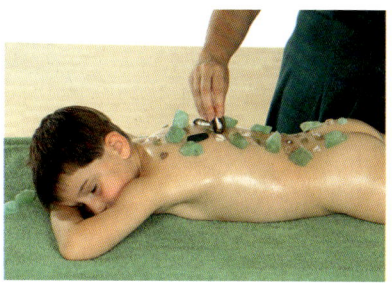

»Komm mit mir, ich führe Dich, schau, kleiner Held, Drago erwartet Dich.«

Mit Chalkopyrit in wechselnden Spiralbewegungen durch die aufgelegten Edelsteine fahren, bis der Stein liegenbleiben will – dann ist der Drache gefunden.

PKT. 25 DRACHENBAUCH STREICHELN

*»Mmh, wie weich und sanft du
bist, das hab ich aber lange sehr
vermißt.«*

*Puschel (Drachenbauch) wirbelt mal
zart mal kräftiger über den Rücken.*

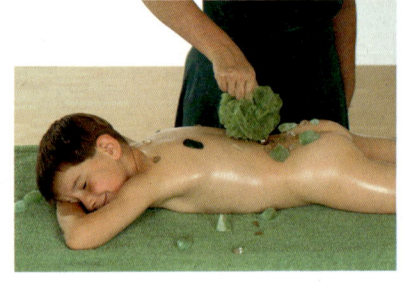

PKT. 26 - 27 KOSTBARE STEINE PURZELN DAVON

*»Hinfort ihr feinen Höhlensteine,
jetzt brauch ich Platz im Feuers-
scheine.«*

*Steine werden Stein für Stein
vom Rücken gepuschelt und liegen
neben dem Kind.*

PKT. 28 DER DRACHENBAUCH ZIEHT SICH ZURÜCK

*»Jetzt wird es Zeit zurückzugehn,
freu mich auf ein Wiedersehn.«*

Puschel zur Seite legen (ohne Abb.)

PKT. 29 MIT ÖL DEN RÜCKEN SANFT EINMASSIEREN

*»Elbenöl, Elbenöl, hilf raus aus der
Drachen-Höhl.«*

*Elbenöl wird sanft
auf dem Rücken verteilt.*

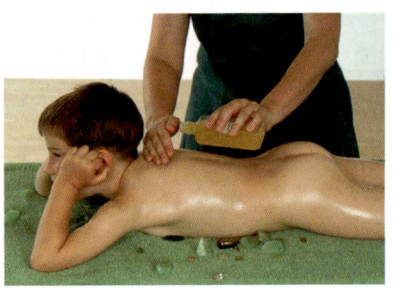

»Drachenschritte, Drachen-
schritte, langsam geht er hin zur
Mitte.«

> *Gespreizte Hände fahren abwech-*
> *selnd kräftig über den Rücken.*

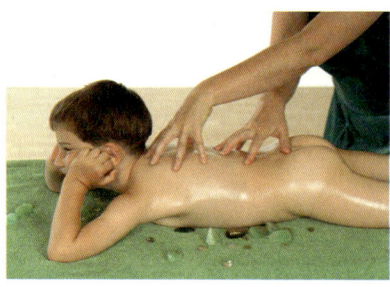

PKT. 31 SCHUTZSCHILD AUFLEGEN

»Schutzschild, Schutzschild, mach
unsichtbar das Drachenbild.«

> *Seidenpapier (Schutzschild) auf den*
> *Rücken legen.*

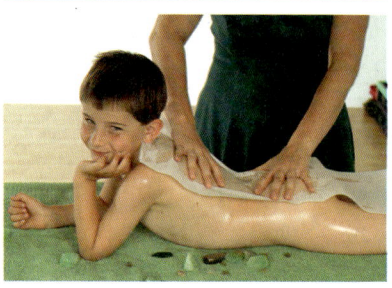

PKT. 33 VERABSCHIEDUNG DES DRA-
CHEN

»Hab Dank, du lieber Drache, laß
uns das mal wieder machen.«

Wirkungen der Drachensteine

Aktinolithquarz, der Jägerstein

stärkt das Selbstwertgefühl, macht eigene Fähigkeiten bewußt, schafft innere Ausgeglichenheit, Geduld und das Gespür für den richtigen Zeitpunkt, mit der geradlinig das Ziel der Drachenfindung verfolgt wird.

Körperlich werden Leber, Nieren, Aufbau- und Wachstumsprozesse angeregt und die Entgiftung und Ausscheidung gefördert.

Aventurin, der Kraftstein

wirkt beruhigend, entspannend, löst Ängste, auch vor Drachen, stärkt die Selbstbestimmung und Individualität. Bringt Geduld, Toleranz und Akzeptanz, auch dann, wenn es mit dem Drachen nicht auf Anhieb klappt. So hilft er, sich zu erholen, zu regenerieren, besser einzuschlafen und zu träumen. Tja und manchmal auch, die Träume wahr werden

zu lassen. So wachsen neue Ideen, Begeisterungsfähigkeit, und angestautes Wutfeuer wird mitsamt dem Ärger ausgeschnaubt.

Körperlich wird der Fettstoffwechsel angeregt, Ausschläge, Allergien und Schmerzen gelindert, das Bindegewebe und das Herz gestärkt.

Calcit grün, der Heldenstein

schenkt Selbstvertrauen, Stabilität, gute Herzenskraft, Herzensmut und Standhaftigkeit, welche unbedingt erforderlich sind bei der Drachenfindung. Er verbessert Gedächtnis und Unterscheidungsvermögen, sprengt Meridian-Blockaden, so daß ein sicheres, entspanntes, befreites Herausfinden aus der Drachenhöhle möglich wird. So werden Entwicklungen stark beschleunigt, Fleiß und Erfolg die freudigen Begleiter auf dem künftigen Weg.

Körperlich verbessert er den Wasserhaushalt und die Wasserabgabe des Körpers, stärkt Immunsystem,

Herz und Herzkranzgefäße, regt den Stoffwechsel und die Blutgerinnung an, fördert das Wachstum, die Heilung von Gewebe und Knochen, lindert Haut- und Darmbeschwerden, Erkältungen und Stirnhöhlenentzündungen.

Chalkopyrit, der Wolfsstein

schenkt Wachheit und eine präzise Beobachtungsgabe, die auch kleine Details bemerkt, die ja wichtig sind im Umgang mit Drachen. Neugier und Forschergeist, Geheimnisse und bisher Unerklärbares werden zum magisch wichtigen Drachenpunkt. Systematisches Denken entwickelt sich, welches hilft, Zusammenhänge und Entwicklungsprozesse zu erkennen, egal in welcher Situation.

Körperlich wird die Freisetzung und Ausscheidung von Giftstoffen verstärkt und somit werden die körpereigenen Reinigungsprozesse stimuliert.

Gagat, der Dämonenstein

Wenn Pessimismus, Niedergeschlagenheit, Kummer und Traurigkeit den Drachen im Unsichtbaren lassen, hilft er mit Zuversicht und dem Vertrauen, kommende Situationen zu meistern durch Zähigkeit, Selbstüberwindung, Ausdauer und Unbeugsamkeit. Nur so sind die Drachen zu erblicken.

Körperlich werden Darm- und Hautbeschwerden gelindert.

Grossular, der Craigh na Dun Stein

lindert innere Ängste, Aggressionen, Wut, Hetze, Überaktivität, Panik, Nervosität und vor allem übermäßige Emotionalität, so daß der Drache keinen Schreck bekommt und verschwindet, bevor wir ihn gesehen haben. Körperlich und seelisch beruhigt, entspannt und im eigenen Gleichgewicht, fühlen wir uns gut und stark.

Körperlich hilft er bei Infektionen und Entzündungen, fördert die Haut- und Schleimhautregeneration und stärkt die Nieren.

Hämatitquarz, der Lebenssaftstein

schenkt Vitalität, belebt, muntert auf, hilft bei Anstrengungen aller Art, auch bei der Drachenfindung, die eigenen Kräfte richtig einzuteilen. Mit Mut und Begeisterung geht es vorwärts.

Körperlich fördert er die Blutbildung, stärkt Muskeln, Nerven und Sinne und stabilisiert den Kreislauf.

Hypersthen, der Mutter-Vater-Stein

bringt Ruhe und Ausgeglichenheit mit Aktivität und Dynamik auf das richtige Maß. So können Probleme schneller gelöst, Kritik angenommen und eigene Überzeugungen kompromißlos vertreten werden.

Körperlich löst er Schmerzen, Verspannungen und Übersäuerung im Magenbereich.

Jaspis, der Tatstein

läßt eigene Ziele mit Mut, Willenskraft, Courage, Konfliktbereitschaft und der nötigen Kriegernatur verfolgen und erreichen. Mit Phantasie entstehen neue Ideen, welche mit Freude in die Tat umgesetzt werden.

Körperlich werden der Kreislauf und der Energiefluß angeregt.

Obsidian, der Zauberstein

läßt Ängste schwinden, schafft Unverwundbarkeit und Schutz gegen böse Angriffe von Dämonen und anderen Unholden. Längst vergessene Fähigkeiten tauchen unvermittelt auf, ähnlich wie der Drache, und die Luft ist gereinigt und alle Sinne geschärft.

Körperlich löst er Schmerzen, Verspannungen, energetische Blockaden, Gefäßverengungen und verbessert die Durchblutung. Er wärmt von innen heraus.

Rauchquarz, der Unheilabwenderstein

hilft, den Weg zum Drachen zu gehen, auch wenn es anstrengend und manchmal leidvoll ist. Mit Gefühlen von Gedanken getrennt, klarer Konzentration und praktischen Überlegungen wird der Höhlengang entspannter und die Widerstandsfähigkeit erhöht.

Körperlich werden Verkrampfungen, insbesondere im Rücken, gelöst, Schmerzen gelindert und die Nerven gestärkt.

Sardonyx, der Drachenfreund

Mit tugendhaftem Charakter, Freundlichkeit und Hilfsbereitschaft läßt sich alles überwinden, auch die Traurigkeit, wenn nicht immer alles so läuft, wie es gewünscht wird. Mit Selbstvertrauen und Zuversicht kommt die Freude, und die ist schier ansteckend auf alles, was dir begegnet.

Körperlich werden alle Körperflüssigkeiten angeregt und die Sinneswahrnehmung gestärkt.

Rutilquarz, der Feenhaarstein

schenkt Hoffnung und geistige Größe. Läßt unabhängig die eigene Visionskraft strahlen, so daß Ängste und Beklemmungen sich in der Tiefe der Drachenhöhle lösen können.

Körperlich hilft er bei Atemwegserkrankungen, regt den Energiefluß und das Wachstum an und speziell die Regenerationskraft aller Zellen.

Wirkungen der »Drachen-Essenz«

Amethyst, das unberauschte Wasser der Weisheit, das Herz des Drachen, ehrlich, aufrichtig, gerecht, friedvoll.

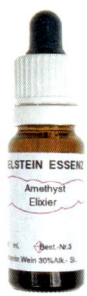

Wirkungen weiterer Materialien

Der Zaubertrank
Besonders hautpflegend und hautschonend durch Provitamin B5, Meeresmineralien, Blaualgen, Zedernextrakt, Blütenextrakten.

Drachenspeichel
Die Aloe Vera Liquid Soap ist eine besonders feuchtigkeitsspendende und bakterizid wirkende Flüssigseife mit einem reinen Anteil von 33% Aloe Vera-Gel. Ihr ausgewogener pH-Wert reinigt schonend und trocknet die Haut nicht aus.

Drachenhaut
Waschlappen, Handschuhe, Puschel und Schwamm dienen der Körperwahrnehmung. Der Waschlappen warm, weich und wohlig, die Handschuhe, eher etwas rauher, zur Intensivierung der Durchblutung, der Puschel gleicht eher einer Schlangenhaut, und der Schwamm fühlt sich an wie das weiche Fenster bei den Dracheneiern aus dem Spielzeugladen.

Magisches Elbenöl
Eine besondere Mixtur aus Erdnuß-, Hirtentäschel-, Brennessel- und Lavendelöl zum Weichmachen von Muskelverhärtungen, die durch Fehlhaltungen im Alltag entstanden sind.

Schutzschild
Dieses säurefreie Seidenpapier, welches im allgemeinen nur Goldschmiede für ihren Schmuck verwenden, dient zum Ausstreifen und Magnetisieren. Es läßt für das Kind eine angenehme Wärme entstehen. Wichtig ist hier, daß sich die Hände nicht berühren dürfen beim Abstreichen und Auflegen.

Die
Trollmassage

Dakbar, der Troll vom oberen Feld zu Lichtenberg

Schon mal von Trollen gehört oder welche gesehen? Es gibt da viele verschiedene Trolle. Die einen sind kleiner, schlau und aufmerksam, die anderen sind eher riesig, struppig und manchmal gar ruppig.

Und so gibt es auch manche Kinder, die einem Troll sehr ähneln. Da sind die Lausbuben, die kleinen Abenteurer und die witzig Frechen, die manchmal so sehr nerven – vor allem die Mütter, die beim Blick in die lieben, treuen Augen weich werden. So viele Trolle gibt es, und kaum einer nimmt sie wahr, obwohl sie überall rumwuseln und gern Schabernack treiben.

Tim, ein typischer Lausbub mit dem »Um-den-Finger-wickel-Blick«, ist ein kräftiger, naturverbundener Kerl, der weiß, was er will, und weiß, was er kann.

Und so geschah es, daß Tim mal wieder mit seinem Vater in die Weinberge fuhr. Dort gab es ein altes, in Vergessenheit geratenes Wassertretbecken, optimal zum Spielen für Jungs.

Durch das Laub der Bäume war der Boden des fast runden Beckens dunkel und moderig bis schlammig, das Wasser selbst aber war klar. Von

den Weinbergen wird das Wasser teilweise in das alte Becken geleitet und fließt ab über den Überlauf, der einem kleinen Wasserfall gleicht, der sich in die Tiefe einer kleinen Schlucht mit verschlungenen Pfaden erstreckt. Für Tim ist es immer ein besonderer Spaß, den Pfad unter Wasser zu setzen, zum Ärgernis der Wanderer. Tim krempelt sich die Hosenbeine rauf und stakt vorsichtig ins Becken hinein. Oh, wie ist es unter den Fußsohlen modrig, schlammig und komisch weich, und schon verfärbt sich das Wasser in eine Dreckbrühe. Tim trampelt so gut es geht auf dem Boden herum, wirbelt immer mehr Moderbrühe auf und ruft dabei: »Troll, Troll, hörst du mich, möchte gerne sehen dich«. Ein Schlammtanz, der ganz sicher jedes Wässerchen trübt, und vor Freude singt er weiter: »Schlammig, schlammig, ach wie fein, macht riesig Spaß, heut hier zu sein.« – »Hey, hoh, hey hoh, vor Glück bin ich ja gar so froh, und lustig ist es sowieso, hey hoh, hey hoh, hey hoh.« Tim will auf die beiden größeren Steine springen, doch sind die so glitschig, daß er beinahe ausrutscht und in der Schlammbrühe landet. Unter leichtem Fluchen, tropfnaß wie ein Hund, kriecht er aus dem Becken heraus und zieht seine tropfenden und müffelnden Anziehsachen aus, die nun über einigen Ästen zum Trocknen hängen. Verhaltenes Gelächter dringt an seine Ohren, doch kann er niemanden sehen. Tim legt sich auf die kleine Lichtung, um selbst wieder zu trocknen und kurz bevor er einschläft hört er eine Stimme: »Sichtbar wird, sichtbar mach, sichtbar sein, tauch mal in die Trollwelt ein!« Der Wind streicht durch sein Haar und über den kleinen Körper, und ihm ist, als wenn er zum Winde spricht: »Wehe Wind, wehe, trag die schattigen Wolken fort, nimm einfach einen anderen Ort.«

»Wehe Wind, oh wehe, trockne mich und meine Sachen, bevor ich's hör aus dem Busche lachen.« Das Summen der Bienen und der Duft der vielen Wiesenkräuter steigt Tim derart in die Nase, daß er niesen muß und er sich dabei auf den Bauch dreht. Uh, ist das ein komisch klebrig-kaltes Gefühl auf dem Rücken und kitzelig unter dem Bauch. »Bienchen sammelt fleißig Honig ein, müßt bald wieder zu Hause sein.«

»Wehe Wind, trag mich auf den Schwingen fort, mit Vogel Greif an einen anderen Ort.«

Und schon landet ein mächtiger Greif über ihm und nimmt ihn mit, hoch in die Lüfte, und unter ihm erstreckt sich weit das Land, die Berge, Täler und Seen. »Hui, weites Land, von oben ich seh' Berge, Täler und die See.« Tim fühlt sich völlig geborgen bei dem Vogel Greif und genießt den Flug durch die Lüfte, zwischen Sonne, Himmel und Erde. Er verschmilzt mit dem Greif und fühlt sich völlig eins mit ihm. »Ich fühle das WIR, die Verbindung in mir!« Langsam gleitet der Vogel Greif wieder zur Erde und setzt Tim dort ab, wo er ihn geholt hatte. »Sonne, Wonne, Fröhlichsein, brutzel, bratzel Feuerschein!« Tim ist verwirrt. Wer hat das gesagt und wo? Ihm stellen sich die Nackenhaare auf, denn es kommt ihm nun doch ein wenig unheimlich vor, da er sich diese Stimme nicht erklären kann. Bei seinem

Vogel Greif fühlte er sich zwar sicher, aber sein Unbehagen in der Magen-gegend bleibt. Er streicht nochmals über das wundervolle Gefieder des majestätischen Greifs, und schon erhebt dieser sich in die Lüfte. Tim starrt ihm nach und fühlt immer noch die Federn auf seinem Körper. Plötzlich reißt ihn ein Stein, der ihn am Rücken trifft, aus seinen Gefühlen.»Autsch!« Seine Hand fährt automatisch zum Schmerzpunkt.»Angst, Angst, pack mich nicht, zeig dich du kleiner Nutznixwicht! Wo bist du?« fragt Tim teils wütend, teils fragend.»Immer da, wo du nicht bist, immer da, wo du nicht hinsiehst!« spricht eine Stimme aus dem Nichts. Nun wird es Tim aber langsam zu bunt und zu unheimlich. Zwischen Neugier und dem Drang, vielleicht doch wieder zu gehen, hört er sich mutig sagen.»Mein Papa kommt gleich hierher, der ist groß und stark wie ein Bär! Zeig dich, du elender Feigling, ich kann Judo!«»Dakbar ist kein Feigling, du Troll-gesicht!« spricht die Stimme aus dem Nichts. Tims Neugier ist kurz vor dem Explodieren.»Ich mach, was ich will, sag dir, sei endlich still. Zudem bist du ganz schön frech. Und nenn mich nicht Trollgesicht, du Nichtnutzwicht, du!« Plötzlich hört er seinen Greif rufen, blickt in den Himmel und sieht ihn herannahen.»Greif, Greif, schütze mich, komm hier zu mir, gleich über mich.« Schon nähert sich der Greif, und Tim spürt, wie die geworfenen Steine weniger werden.»Ätsch, du Nixnutzwicht, zeig doch dein Gesicht.«

Mit einem Mal springt etwas Felliges auf Tims Rücken, so daß er zu Boden fällt, und es kitzelt und wuselt auf seinem Rücken, daß er nicht weiß, ob er lachen, schreien oder schimpfen soll.»Ich bin Dakbar, der Troll vom oberen Feld zu Lichtenberg!« Tim erstarrt kurz vor Schreck, denn Trolle kennt er nur aus Filmen, Büchern und Märchen. Er will sich auf den Rücken drehen, aber Dakbar scheint unendliche Kräfte zu besitzen.»Hör auf, hör auf, laß das sein, sonst wirst du des Greifen Mahlzeit sein.«

»Kannst mich nicht schrecken, Trollgesicht, dein Greif, der kriegt mich sicher nicht!« Tim wird es nun recht unwohl, und er versucht, sich zu drehen, mal nach links, mal nach rechts, robbt vorwärts und schuckelt um und um, doch dieser verdammte Troll sitzt wie festgeklebt auf seinem

linken Schulterblatt und lacht sich schier krumm. »Laß mich frei, laß mich frei, ich zähle jetzt bis drei!« Er bleibt ruhig liegen, wartet ab, was dieser Troll nun tun würde, und zählt bis drei! Nichts geschieht, und Tim wird nervös. »Hey sag, was willst du von mir?« Ein schallendes Lachen des Trolles dröhnt an seine Ohren. »Du hast mich gerufen, du Naseweis, hier bin ich. Und nenn mich gefälligst Dakbar!« Tim spürt, wie dieser fellige Troll sich bewegt. »Zeig dich, Dakbar von Lichtenberg, bist sicher nicht größer als ein Zwerg!« Nun spürt er, wie sich Dakbar von seinem Rücken herunterbewegt, und ehe er sich umdrehen kann, steht er vor ihm. Tim blickt in ein breit grinsendes, birnenförmiges Knollennasengesicht. Noch ehe er etwas sagen kann, springt der Troll in Tims Gesicht, so daß er Tim mit seinem Fell in der Nase kitzelt. »Hab Erbarmen mit mir, bin von jetzt an lieb zu dir!« Dakbar entfernt sich und setzt sich vor Tims Gesicht und grinst immer noch. Tim streckt ihm seinen Zeigefinger entgegen. »Woll'n wir Freunde sein?« Dakbar überlegt kurz, ergreift seinen Finger und hüpft vor Freude auf und nieder. »Ja, ja, Freund sein, ja, ja, dann ist Dakbar nicht mehr allein!« Und beide lachen vor Freude. Plötzlich hält Dakbar inne. Er hört etwas. »Was ist?« fragt Tim, und Dakbar sagt nur: »Es kommt jemand. Wir treffen uns bald wieder hier. Ruf mich, und ich komme wieder.« Und plötzlich ist Dakbar vor Tims Augen verschwunden. Er spürt lediglich ein Wuseln und Kitzeln über seinen Rücken fahren, und dann hört er nur noch, wie sein Vater nach ihm ruft:»Tim, komm, wir fahren heim, bin mit meiner Arbeit fertig und habe Hunger!« Völlig überrascht hört Tim sich noch sagen: »Dakbar, mein neuer Freund, du lustiger Troll, ich find dich wirklich gut und toll!« Tim steht auf, holt seine mittlerweile getrockneten Sachen und klettert den Hang hinauf zu seinem Vater. Der lacht, als er seinen Sohn sieht, denn er sieht aus wie durch den Schlamm gezogen. »Na, deine Mutter wird begeistert sein über den Dreck an dir!« Tim verzieht das Gesicht zu einem hilflosen Grinsen, blickt noch einmal kurz zurück und hört sich sagen: »Abspritzen mit dem Schlauch, vom Kopf bis zum Bauch, natürlich bis zum Hintern auch!« Ja, das warf ihm seine Mutter immer lachend um die Ohren.

Einführung in die Welt der Trollmassage

Die Trollmassage ist eine außergewöhnliche, beinah mittelalterlich anmutende Massage der besonderen Erfahrung, da die Sinne des Kindes durch starke Naturmaterialien aktiviert werden, welche die Phantasie direkt erwachen lassen und den Körper prompt erwecken.

Durch die Verwendung verschiedener Materialien und Techniken, ist es immer eine erneute Herausforderung des »äußeren« Toll-Trolls und des »inneren« Freude-Trolls. Wichtige Elemente bei dieser Art von Massage sind die Schulung der Sinne, das kräftige sicherheitsspendende Berühren und die verschiedenen Edelsteine. Das »Braun«, welches den Troll im Außen symbolisiert, findet sich bei allen verwendeten Materialen wieder. Die Komplementärfarbe zu Braun-Orange ist Blau-Grün, das »Innere« des Trolls, welches zu erkunden sich lohnt!

Bedeutung von »Braun« (Trollkleidung und Erscheinungsbild) und »Blau« (Trollschabernack und Wasser) bei der Massage

Das äußere Braun wirkt verwurzelnd und sicherheitsspendend, und entsprechende »Troll-Steine« wirken entgiftend und entschlackend, nervenstärkend und aktivierend auf das Zusammenspiel von Magen und Darm sowie allgemeiner Verdauung, seelisch wie körperlich.

So kann es passieren, daß sich der Darm stark regt und die mentale Auffassungsgabe sich wieder steigert. Braun findet sich überall in der Natur wieder und ist die Farbe für besseres Körperempfinden, Stoffwechselregulation, Kräftigung des Organismus und, ganz wichtig, für die Sammlung und Erholung, wie wir sie ja auch in der Natur wiederfinden.

Woher stammt die Trollmassage?

Sie ist durch die Freude, den Spaß und durch die Begeisterung der Drachenmassage entstanden. Nach dem intensiven Erleben bei Kindern und Erwachsenen mit den Drachenenergien drängelte sich »Dakbar«, der Troll, in mein Bewußtsein und witzelte und späßelte mit mir rum. Da ich natürlich nicht sofort reagierte und auch noch die Frage stellte, wie und wo ich denn überhaupt Trolle finden könne, wurde er etwas grummelig und zeigte mir prompt, was es heißt, geärgert zu werden. So kam es, daß ich meinen Allerwertesten zu bewegen begann, und mit jeder Bewegung kam unsere Verbindung in einen erdverbundenen Energiefluß. Allerdings ist es neben dieser »verdichteten« Energie immer wieder passiert, daß plötzlich der Schabernack mit Dakbar durchging und er mich wieder und wieder prüfte, ob ich denn auch zäh genug in meinem Durchhaltevermögen sei, ihm die »Stange« zu halten. So bewegte ich mich zwischen richtig viel Lust und Vorfreude auf die Massage und die Geschichte einerseits und Angestrengtsein und der Unlust, aktiv zu werden, andererseits. Vor allem ist es mit Dakbar wirklich schwierig, dem eigenen Rhythmus zu folgen oder gar einer Art von Ordnung. Er bringt eben völlig neue Qualitäten mit, und ich staune über ihn, wie er sich über meine Gewohnheiten hinwegsetzt.

Was bewirkt die Trollmassage mit Edelsteinen?

Die Trollmassage mit ihren unterschiedlichen Materialien wie Wasser, Fellen, Federn, Forever Bee Honey, Liquid Soap, Heilerde und Edelsteinen kitzelt Qualitäten von Reife, Fröhlichkeit, Vertrauen, innerer Stärke und körperlicher Vitalität hervor. So lösen sich Toxine und Stoffwechselschlacken, das vegetative Nervensystem wird gestärkt und die Lebensenergie in Fluß gebracht. Es findet eine äußere und innere Reinigung von Körper und Seele statt sowie eine Stärkung von Geist und Verstand. Oftmals wird dies nach der Massage spürbar, da sich das allgemeine Körpergefühl klarer und kräftiger anfühlt, und einem strahlende Augen entgegenblicken. Die Sensibilisierung unserer Sinne ist wichtig und unterstützt uns dabei, ein besseres Körperverständnis zu bekommen.

Die unterschiedlichen Edelsteine verstärken entsprechende Themen und beschleunigen so den eigenen Weg in die innere Kraft, welche dann nach außen dringen kann und so manche Wünsche und Ziele wahr werden läßt.

Zuwendung und Zeit füreinander tut uns allen gut, und eine solche Massage ist ein wahres Geschenk des Herzens. Sie wird immer mit tiefstem Dank und höchster Freude genossen.

Na, Lust auf einen Troll?

Probieren Sie es einfach mal aus, denn die Massage erweckt so manch vergessenen Freude-Troll zum wahrhaft lustigen und frechen Toll-Troll.

Utensilien für die Trollmassage

Bezeichnung	Was es ist	Anmerkung/Bezugsquellen	Mögliche Alternativen
Troll-Lager	Massageliege oder Matratze	Ein bequemes, aber auch festes Lager, so daß Sie gut massieren können. Idealerweise mit Leintuch in Braun (Farbwirkung!)	Andere trolltypischen Erdfarben, vorzugsweise Brauntöne (Badehandtücher, Stofftücher oder Decken)
Troll-Herd	Heizlüfter oder andere gute Wärmequelle	Der Raum muß für die Massage sehr warm sein, da auch mit Flüssigkeit massiert wird.	Eine gute Möglichkeit sind auch Infrarotstrahler, wie sie z. B. über Wickeltischen eingesetzt werden (falls noch vorhanden).
Trollfell	Langhaar Heidschnuckenfell	Wichtig ist das »Langhaar-Feeling«! Zu finden im Handel mit Schaffell- oder Lederprodukten, z. B. bei der Worring Leder GmbH*	Ein anderes nicht zu weiches Langhaarfell

Bezeichnung	Was es ist	Anmerkung/Bezugsquellen	Mögliche Alternativen
Troll-Sichtbar-mach-Wasser	Karaffe mit kaltem Wasser + transparente Plastikschüssel	Je schöner die Gefäße sind, desto besser für den Augenschmaus und die ganzheitliche, sinnliche Massageerfahrung	Irgend etwas Nettes, Exotisches oder Unge-wöhnliches findet sich in jedem Haushalt.
Troll-Tränen	Chalcedon-Essenz	Im Mineralienhandel oder direkt bei den Herstellern erhältlich.*	Chalcedon-Wasser: Chalce-don-Rohstein (blau) meh-rere Tage in Wasser legen
Troll-Trank	Mixtur aus Provitamin B5, Meeresmine-ralien, Blau-algen, Moor-extrakt, Blü-tenextrakten, Mineralien	Hautpflegende Mixtur mit Vita-minen, Mineralien und anderen stärkenden Substanzen. Da in der Herstellung aufwendig, kön-nen kleine Mengen bei der Viel-faltoase* bezogen werden.	Eine eigene hautpflegende Mixtur aus natürlichen Bestandteilen. Meine persönliche Empfeh-lung: Gute, fachgerechte Beratung in Bioläden!
Troll-Schweiß	1 Liter heißes Wasser	1 Liter Wasser im Wasserkocher kochen und mit geschlossenem Deckel stehen lassen	Wasser vor der Massage kochen und dick in Tücher eingewickelt warmhalten.
Troll-Wasser	Körperwarmes Wasser mit Chalcedon-Essenz	Mischung von Troll-Sichtbar-mach-Wasser (kalt), Troll-Tränen (10 Tropfen Chalcedon Essenz) und heißem Trollschweiß (heißes Wasser), so daß eine angenehme körperwarme Temperatur erreicht wird.	Chalcedon-Wasser statt Chalcedon-Essenz (siehe »Troll-Tränen« oben).
Troll-Schlamm	Heilerde + Forever Bee Honey	Der FBH ist eine Mischung aus Honig, Pollen, Propolis und Gelee Royale. Erhältlich in Naturkost – Bioläden, bei selbständigen Be-ratern der Fa. Forever Living Pro-ducts GmbH oder bei der Vielfalt-oase*	Bezugsquellen für Heil-erde: Terra Soleil oder Tautropfen Heil- oder Wascherde!* Der Forever Bee Honey ist nicht nur Honig, sondern die nebengenannte Mischung. Beste Alterna-tive hier: Hoyer Honig.*

Bezeichnung	Was es ist	Anmerkung/Bezugsquellen	Mögliche Alternativen
Trollspaß	Forever Liquid Soap	Feuchtigkeitsspendende Flüssigseife mit 33% Aloe Vera Anteil und ausgewogenem pH-Wert. Zu beziehen bei selbständigen Beratern der Fa. Forever Living Products GmbH oder bei der Vielfaltoase*.	Ähnliche hochwertige Aloe Vera Produkte oder andere feuchtigkeitsspendende Flüssigseifen mit ausgewogenem pH-Wert. Z. B.: Santa Verde, spezialisiert auf breites Sortiment an kosmetischen Produkten auf Aloe Vera Basis.*
Trollsalbe	Aloe Vera Propolis Creme + Aloe Vera First Spray	Selbständige Berater der Fa. Forever Living Products GmbH oder bei der Vielfaltoase.*	Alternative: Auch Santa Verde ist spezialisiert auf kosmetische Produkte mit Aloe Vera Anteil.*
Trollbekleidung	Braune Waschlappen, Naturschwamm	Im eigenen Haushalt oder in Kaufhäusern, Versandhandel, Märkten etc. erhältlich.	Selber einfärben!
Trollschabernack	Greifvogelfedern Kaninchenfell	Eurodeko-Backnang*	eine andere große, härtere Feder; ein anderes weiches Fell
Trollschätze	Edelsteine getrommelt, geschliffen und als Griffel	Erhältlich im gut sortierten Mineralienhandel oder anderen Fachhändlern mit Mineraliensortiment, auch bei der Vielfaltoase.*	Wenn bestimmte Steinsorten nicht zu finden sind, verwenden Sie andere Steine mit ähnlichen Wirkungen.
	Trommelsteine flach und mittelgroß bis klein	Bernstein, der Laune-Spaß-Fröhlichstein Dendritenopal, der Hallo-Du-da-Stein Fluorit gelb, der Loslaß-lern-Stein Jamesonitquarz, der Nein-ich-will-nicht-Stein Saphir, der Nur-nicht-Ärgern-Stein	

Bezeichnung	Was es ist	Anmerkung/Bezugsquellen	Mögliche Alternativen
Troll-schätze	Massagegriffel	Achat, der schützende Trollfinger Chiastolith, der Turbo-Troll-Kraft-Stein	
	Geschliffene Stücke, flach	Amulettsteine, die Weite des Geistes Sternachat, der Ich-der-Troll-Stein	
	Geschliffene Stücke, kantig	Stromatolith, der Troll-Wandel-Stein	

* siehe auch Bezugsquellen im Anhang

Durchführung der Trollmassage:

01. Bereitstellen der Materialien (Utensilien und Edelsteine für die Massage).

02. Bequeme Position für die zu behandelnde Person und ausreichend Wärme.

03. Sammlung, Schutz und bewußtes Einfühlen in die Reise zum Troll. Sichtbarmach-Wasser (Chalcedonwasser) mit heißem Wasser (Trollschweiß) mischen.

04. Auf den Naturschwamm das Troll-Moor-Bad- Wasser aufträufeln und den Rücken mit leichtem Druck vom Nacken her abwärts streichen.

05. Jeweils über die rechte und linke Schulter hinabfahren, abwechselnd je drei Mal.

06. Vom Nacken aus direkt über die Wirbelsäule hinab bis zum Kreuzbein streichen.

07. Naturschwamm (Trollhaut) auswaschen und den Rücken mit Sichtbarmach-Wasser abwaschen, dann den Naturschwamm beiseitelegen.

08. Heilerde mit etwas Trollschweiß (Wasser) mischen und Forever Bee Honey (Troll-Schlamm) dazugeben und auf den Rücken träufeln.

09. Das Erde-Honig- (Trollschlamm-)Gemisch mit flachen Händen auf dem Rücken verteilen und dann mit den Handflächen in Wellenbewegungen pumpen, bis sich die Konsistenz des Trollschlamms verändert.

10. Mit den Fingerkuppen in kurzen Abständen über den Rücken hüpfen, bis der Trollschlamm genügend Schlackenstoffe aufgesogen hat.

11. Den Naturschwamm ins warme Sichtbarmach-Trollschweiß-Wasser eintauchen, leicht ausdrücken und kräftig über den Rücken streichen, dann den Naturschwamm auswaschen.

12. Aloe Vera Liquid Soap in die Hand und vorsichtig ins Zauberwasser eintunken.

13. In der Mitte des Rückens beginnen und in kreisenden Bewegungen den Rücken reinigen.

14. Mit dem Naturschwamm (Trollhaut), am Nacken beginnend, den Rücken in kreisenden Bewegungen von Aloe Vera Liquid Soap und Trollschlamm säubern.

15. Braunes weiches Handtuch auf den Rücken legen und mit flachen Händen leicht drückende

    Bewegungen (kleine Troll-Streichel-Begegnung) zum Trocknen des Rückens machen.

16. Aloe Vera Bee Propolis Creme mit Aloe Vera First Spray und den Rücken vom Nacken her einmassieren.

17. Mit der großen Feder vom Greif mehrmals breit vom Nacken über den Rücken streichen.

18. Vier Amulettsteine auflegen im unteren Lendenwirbelbereich, je zwei links und zwei rechts.

19. Mit dem Stromatolith sanft den Rücken abstreichen, immer wieder vom Nacken her beginnend.

20. Flache Bernsteine im Kreis im mittleren Rückenbereich auflegen.

21. Mit Chiastolithstab am linken Schulterblatt beginnend, in leicht drückenden bis stupfenden Bewegungen die linke Seite hinabfahren, um die Bernsteine herum und wieder hinauf.

22. Mit dem Achatgriffel am rechten Schulterblatt beginnend, in leicht drückenden bis stupfenden Bewegungen die rechte Seite hinabfahren, um die Bernsteine herum und wieder hinauf.

23. Die Fluorite der Wirbelsäule entlang auflegen, durch den Bernsteinkreis hindurch vom Nacken beginnend.

24. Mit der Spitze der großen Feder vom Greif über die noch freien Stellen der Haut streichen.

25. Langsam, ganz sachte die einzelnen Amulettsteine vom Rücken herunternehmen und immer wieder mit der Feder die freien und freiwerdenden Plätze am Rücken abstreichen.

26. Mit dem Kaninchenfell die noch verbliebenen Steine herunterwirbeln.

27. Mit dem Dendritenopal in kreisenden Druckbewegungen über den jetzt freien Rücken hinwegwirbeln.

28. Je nach eigenem Empfinden können weitere der verbliebenen Troll-Steine aufgelegt werden.

29. Mit einem der verbliebenen Trollsteine zwischen den aufgelegten Steinen umherstreichen.

30. Langsam, ganz sachte die einzelnen Steine mit dem Kaninchenfell vom Rücken herunterdrehen.

31. Mit den Straußenfedern den Rücken energetisch abstreichen.

32. Mit Aloe Vera First Spray den Rücken vom Kreuzbein her nach oben fahren und mit Aloe Vera Propolis Creme einreiben.

33. Rücktausch übernommener Energien und Auflösung im Raum hängender Energien.

34. Verabschiedung des Trolls und Begrüßung des kleinen »Helden« bzw. »Heldin«.

35. Das Kind die abgelegten Steine anschauen lassen.

36. Kurz fragen, wie es ihm/ihr gefallen hat, oder ggf. Fragen beantworten.

37. Bewußtes Loslassen der »Behandlerrolle«.

38. Reinigung der Edelsteine, lüften und ggf. Aufräumen des Behandlungsraumes.

Erzählen und mit dabeisein bei der Phantasie-Fühl-Reise zum Troll

PKT. 01 - 03 VORBEREITUNG DER BEGEGNUNG MIT DEM TROLL
PKT. 04 - 07 TROLLBEGRÜSSUNG

»Troll, Troll, hörst du mich, möchte gerne sehen dich.« oder »Troll, Troll, sei gegrüßt.«

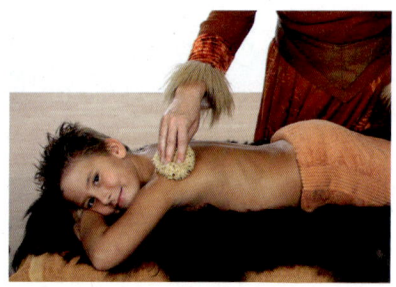

Vollgesogenen Naturschwamm (Trollhaut) vom Nacken her den Rücken hinunterfahren.

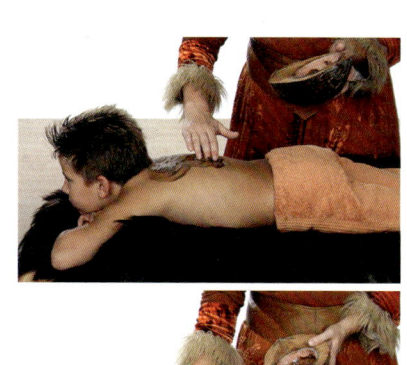

»Schlammig, schlammig,
ach wie fein, macht riesig Spaß,
bei dir zu sein.«

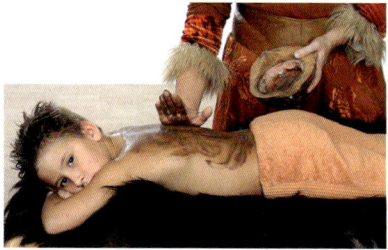

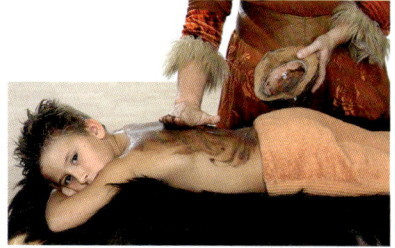

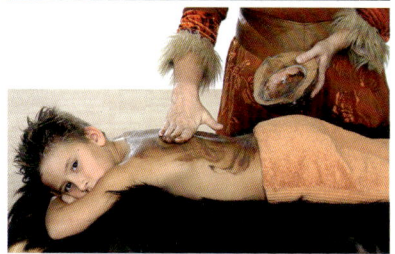

Mit den Händen die Heilerde
und den Forever Bee Honey
(Trollschlamm) auf den Rücken
träufeln, mit den flachen
Händen verteilen und dann in
welligen Pump-Bewegungen
einmassieren(Drachenschuppen).

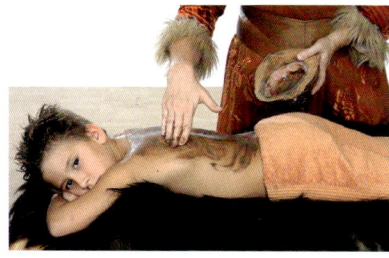

61

Pkt. 10 Troll-Tanz

»Hey hoh, vor Glück ganz froh, lustig ist es sowieso, hey hoh, hey hoh, hey hoh.«

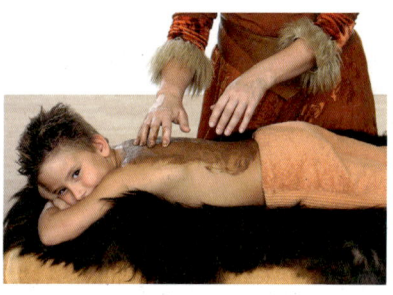

Fingerkuppen in kurzen Abständen über den Rücken tanzen lassen, bis der Trollschlamm genügend Schlackenstoffe eingesogen hat.

Pkt. 11 Trollbekleidung ins Sichtbarmach-Wasser eintauchen

»Sichtbar werd, sichtbar mach, sichtbar sein, tauchen in die Trollwelt ein!«

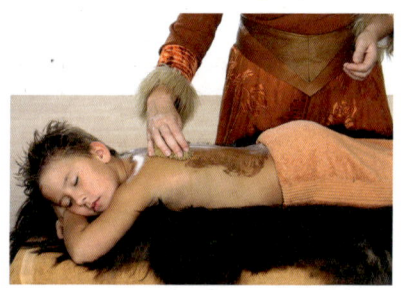

Naturschwamm reinigt den Rücken.

Pkt. 12 -13 Trollspass vorsichtig ins Zauberwasser eintunken

»Wehe, Wind, wehe, trag die schattigen Wolken fort, nimm einfach einen anderen Ort.«

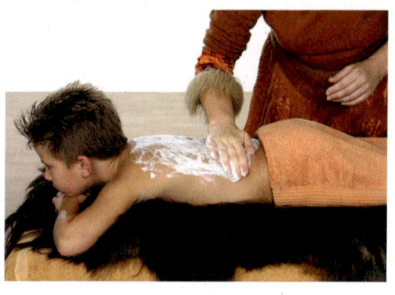

Aloe Vera Liquid Soap (Trollspaß) auf dem Rücken massierend verteilen.

PKT. 14 - 15 MIT DER TROLLHAUT VOM TROLLSCHLAMM BEFREIEN UND DANN MIT DEM TROLLFELL SANFTE STREICHELBEWEGUNGEN MACHEN

»Wehe, Wind, oh wehe, trockne mich und meine Sachen, bevor ich's hör aus dem Busche lachen.«

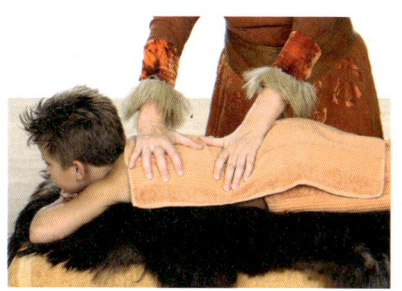

Mit Naturschwamm Rücken reinigen, anschließend mit Handtuch den Rücken trocknen.

PKT. 16 MIT DER TROLLSALBE EINSTREICHEN

»Bienchen sammelt fleißig Honig ein, müßt bald wieder zu Hause sein.«

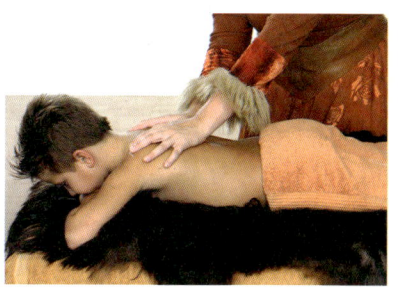

Aloe Vera Propolis Creme mit Aloe Vera First Spray mischen und den Rücken vom Nacken her einmassieren.

PKT. 17 MIT DEM TROLLSCHABERNACK SPIELEN

»Wehe, Wind, trag mich auf den Schwingen hinfort, mit Vogel Greif an einen anderen Ort.«

Feder vom Greif (Trollschabernack) streift über den Rücken.

PKT. 18 DIE WEITE DES LANDES ERLEBEN

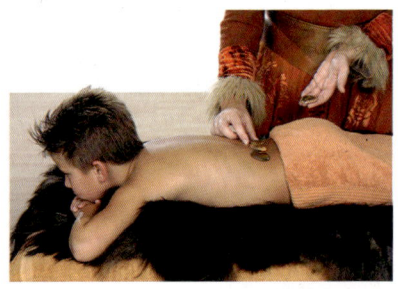

»Weites Land von oben ich seh,
Berge, Täler und die See.«

Amulettsteine auf den unteren
Lendenwirbelbereich auflegen,
zwei Mal links und zwei Mal rechts.

PKT. 19 DEN TROLL-WANDEL-STEIN FÜHLEN

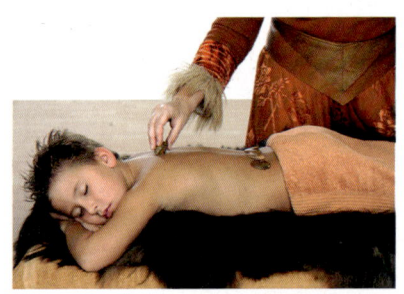

»Ich fühle das Wir, die Verbindung
in mir!«

Stromatolith sanft vom Nacken her
beginnend über den Rücken
abstreichen.

PKT. 20 DIE LAUNE-SPASS-FRÖHLICH-STEINE ERLEBEN

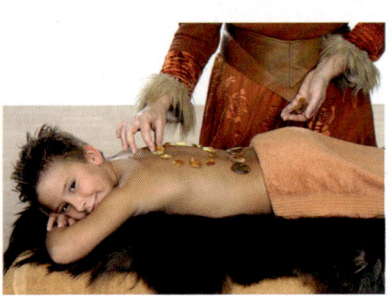

»Sonne, Wonne, Fröhlichsein,
brutzel, bratzel Feuerschein.«

Bernsteine kreisförmig im mittleren
Rückenbereich auflegen.

PKT. 21 JETZT FOLGT DER TURBO-TROLLKRAFT STEIN

»Angst, Angst, pack mich nicht,
zeig dich, du kleiner Nutznixwicht!«

*Chiastolith-Stab am linken Schulter-
blatt in Spiralbewegungen hinauf
und hinabfahren (ohne Abbildung,
Bewegung entspricht der des
Achatgriffels am rechten Schulterblatt,
siehe unten).*

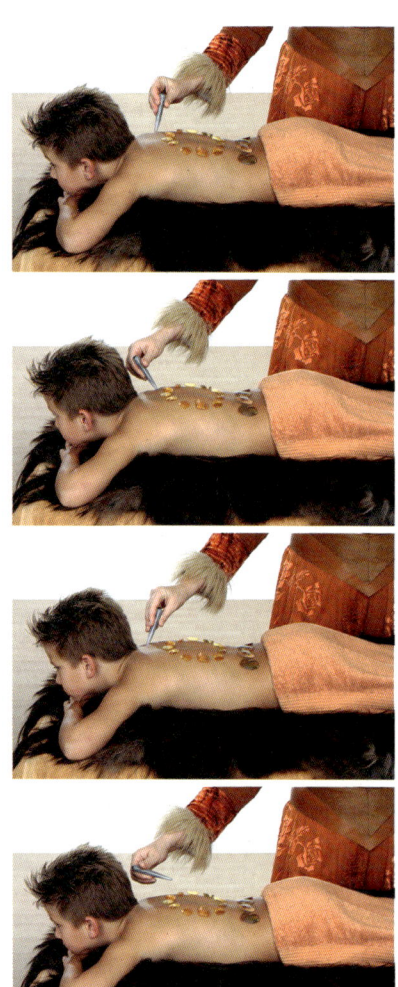

**PKT. 22 VORSICHT NUN,
DER SCHÜTZENDE TROLLFINGER**

*»Mein Papa kommt gleich hierher,
der ist groß und stark wie ein Bär!«*

*Achatgriffel am rechten Schulterblatt
in Spiralbewegungen hinauf und
hinabfahren.*

65

PKT. 23 UND NUN DER LOSLASS-LERN-STEIN

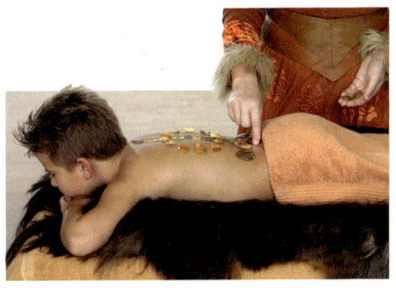

»Ich mach, was ich will, sag dir, sei endlich still.«

Fluorite der Wirbelsäule entlang auflegen.

PKT. 24 DER TROLLSCHABERNACK SCHLÄGT WIEDER ZU

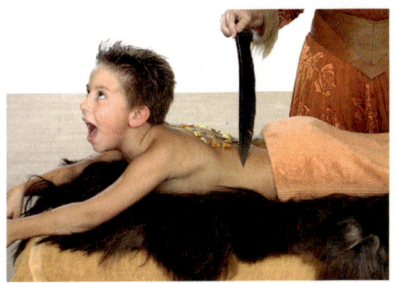

»Greif, Greif schütze mich, komm hier zu mir, gleich über mich.«

Mit der Spitze der Greiffeder über die noch freien Hautstellen fahren.

PKT. 25 ZURÜCK ZUM AUSGANGSPUNKT, EGAL WIE VIEL TROLLSCHABERNACK GETRIEBEN WIRD

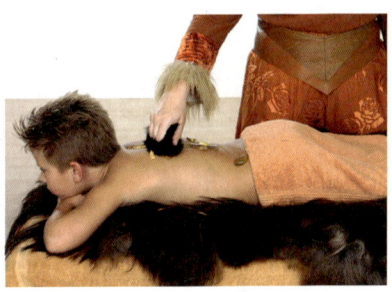

»Ätsch, du Nixnutzwicht, zeig doch dein Gesicht.«

Steine langsam vom Rücken wischen und mit der Feder vom Greif über die freiwerdenden Stellen fahren.

PKT. 26 ERNEUTER TROLLSCHABERNACK

»Hör auf, hör auf, laß das sein, sonst wirst du des Greifen Mahl-zeit sein.«

Pkt. 27 Mit dem Hallo-du-da Stein in Aktion treten

»Laß mich frei, laß mich frei! Ich zähle jetzt bis drei!«

Mit dem Dendritenopal in wechselnden Spiralbewegungen über den freien Rücken wirbeln.

Pkt. 28 Nach Bedarf neue Trollsteine verwenden

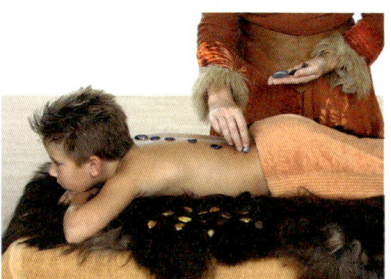

Nach Bedarf neue Trollsteine auflegen

»Zeig dich, Dakbar von Lichtenberg, bist sicher nicht größer als ein Zwerg!«

Pkt. 29 Dakbar klettert vom Rücken herunter

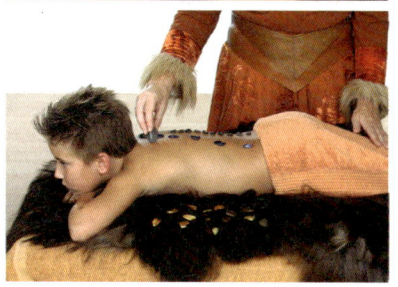

Mit einem der Trollsteine zwischen den aufgelegten Steinen umherstreichen.

Pkt. 30 Die Troll-Streichel-Kitzel-Einheiten fühlen

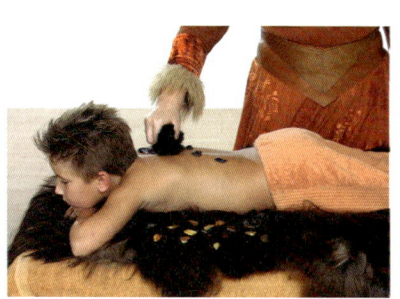

»Hab Erbarmen mit mir, bin von jetzt an lieb zu dir!«

Mit dem Kaninchenfell die Steine vom Rücken »drehen«.

UND ES NIMMT KEIN ENDE MIT DEM TROLLSCHABERNACK

»Dakbar, mein neuer Freund, du lustiger Troll, ich find dich wirklich gut und toll!«

Mit den Straußenfedern energetisch abstreichen.

PKT. 31 OH, NUN DER GANZ BESONDERE TROLLSCHABERNACK

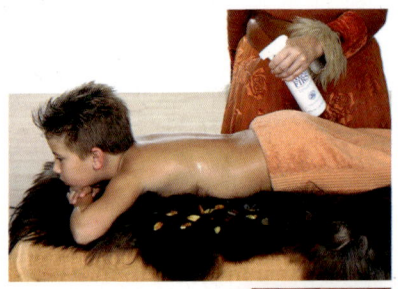

»Abspritzen mit dem Schlauch, vom Kopf bis zum Bauch, natürlich bis zum Hintern auch!«

Mit Aloe Vera First Spray den Rücken vom Kreuzbein her nach oben fahren und mit Aloe Vera Propolis Creme einreiben.

Wirkungen der Trollsteine

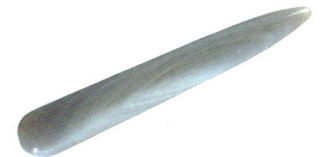

Achat, der schützende Trollfinger

Mit jedem Schritt Erfahrungen sammeln, Hindernisse und Probleme einfach lösen und sich mit dem Trollfreund geschützt und geborgen fühlen.

Körperlich werden die Augen, Hohlorgane (Magen, Darm usw.), Blutgefäße und die Haut gestärkt und harmonisiert.

Amulettsteine, die Weite des Geistes

Mit geistiger Wachheit und gutem Gespür bei allen Abenteuern innerlich stabil bleiben und frei von Anstrengungen, ganz gleich, welcher Schabernack getrieben wird. Immer um ein gutes Verstehen bemüht sein, egal, wie verrückt so mancher Troll daherkommt.

Körperlich erfährt das Immunsystem eine gute Stärkung, ebenso Nerven, Gehirn, Leber und Rückenmark.

Bernstein, der Laune-Spaß-Fröhlichstein

Mit gutem Glauben, sonnigem Gemüt und starkem Vertrauen in die eigenen Fähigkeiten, fröhlich pfeifend und sorglos in das Abenteuer hineinspazieren.

Körperlich werden Magen, Milz, Galle, Leber, Gelenke, Haut, Schleimhäute, Drüsen und Darm optimiert und Diabetes, Rheuma und Allergien gelindert.

Chiastolith, der Turbo-Troll-Kraftstein

Den Weg durch das Dickicht des Waldes finden und der eigenen Aufgabe folgen, frei von Ängsten mit klarem Kopf und innerer Stärke wissen, was zu tun ist.

Körperlich lindert er Übersäuerung, Rheuma, Gicht, und er hilft bei Erschöpfung, Schwächezuständen, Lähmungserscheinungen.

Dendritenopal, der Hallo-du-da-Stein

Um die Vielfalt der Trolle und deren Schabernack zu wissen und dennoch offen und zugänglich zu bleiben für die Begegnung mit ihnen.

Körperlich wird entschlackt, die Ausscheidung aktiviert und der Lymphfluß verbessert. Lindernd bei Erkältungen.

Fluorit gelb, der Loslassen-lernen-Stein

Mit freudigem Tun lernen und verstehen, was die Trolle sagen wollen, und die Erlebnisse mit ihnen schnell und gut verarbeiten.

Körperlich lindernd bei Magenbeschwerden und Eßstörungen (auch Magersucht), stärkend auf Knochen und Gelenke.

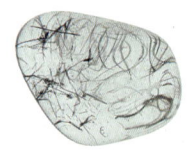

Jamesonitquarz, der Nein-ich-will-nicht-Stein

Die Herausforderung der Trollbegegnung, das Überwinden von nutzlosen Gewohnheiten und disziplinierter Unterordnung. Lernen, was es heißt, eigene Wichtigkeiten dem »Größeren« unterzuordnen.

Körperlich wird entgiftet, das Immunsystem kräftig gestärkt und Knochen-, Haut- und Nervenleiden gemildert.

Saphir, der Nur-nicht-ärgern-Stein

Der Troll-Wettbewerb in Sachen Scharfsinn, unerschütterliche innere Ruhe und Bündelung der Gedankenkraft auf ein Ziel hin.

Körperlich werden Schmerzen gelindert, Fieber und Blutdruck gesenkt und die Nerven gestärkt.

Sodalith, der Ich-bin-ich-Stein

Der Rückweg von den Trollen läßt die Gedanken galoppieren und die Gefühle dahinplätschern. Der Wunsch und das Streben nach Wahrheit, das innere Wachsen und Zu-sich-selber-Stehen sowie das Lösen von Schuldgefühlen läßt eigene innere Kräfte frei werden.

Körperlich wird die Flüssigkeitsaufnahme gefördert, Heiserkeit und Stimmverlust gelindert, Übergewicht und Bluthochdruck eingependelt.

Sternachat, der Ich-der-Troll-Stein

Das Erkennen des Abenteuers und das Verstehen von Zusammenhängen aus den Welten lassen das Bewußtsein, die Wachheit, die Reife und das gute Gespür den bisherigen Streß mindern und innere Stabilität reifen.

Körperlich gut für Gehirn, Rückenmark, Nerven, Leber, Immunsystem und Hormonhaushalt.

Stromatolith, der Troll-Wandel-Stein

Dem zu folgen, was der Troll verlangt, nachgiebig zu sein und doch sich selber bleiben, das ist es worauf es ankommt. Wachsen an den Erfahrungen mit den Trollen.

Körperlich Reinigung von Darm und Gewebe, verbessert die Darmflora, fördert Stoffwechsel und die Ausscheidung.

Wirkungen der »Troll-Essenz«

Chalcedon stärkt die Kunst, mit den Trollen zu reden, zu hören, was sie sagen und vor allem zu verstehen, worum es geht.

Körperlich wird der Lymphfluß, die Schilddrüse, die Nieren und die Blase gefördert, Heiserkeit, Erkältungen und Allergien gelindert, Blutdruck und Fieber gesenkt.

Wirkungen weiterer Materialien

Das Trollfell

Dieses besondere Langhaar Heidschnuckenfell dient einfach der gezielten Wahrnehmung von Tierfell auf der Haut. Viele Kinder kennen heute dieses Gefühl nicht mehr, haben viel zu wenig Kontakt zu verschiedenen Tieren.

Der Troll-Trank

Besonders hautpflegend und mit rückfettenden Pflegekomponenten versehen durch Provitamin B5, Meeresmineralien, Blaualgen, Moorextrakt, Blütenextrakten und Mineralien.

Der Troll-Schlamm

Die Heilerde und der Honig verschmelzen hier zu einer einzigartigen Wirkstoffkombination.

Die pure Wasch-Erde dient zur Körperreinigung, ist reizfrei, hautverträglich, weil frei von irritierenden ätherischen Ölen und synthetischen Duft-, Farb- und Konservierungsstoffen sowie synthetischen waschaktiven Substanzen (Tensiden) und sonstigen chemisch-synthetischen Zusätzen.

Hochwertige Wascherde ist eine Jahrmillionen alte, reine Tonerde z. B. aus Nordafrika, wo sie seit vielen hundert Jahren zur natürlichen Körperreinigung verwendet wird. Dabei sind einerseits die natürliche Aufnahmefähigkeit (Absorption) der Tonmineralien für die gründliche Entfernung von Fett- und Schmutzpartikeln verantwortlich. Andererseits trägt der hohe natürliche Kieselsäureanteil optimal zur Regeneration von empfindlicher Haut und zur Normalisierung der Talgdrüsentätigkeit bei.

Forever Bee Honey ist ein sehr wertvoller Honig aus den unberührten Landstrichen Arizonas, der Honig, Pollen, Gelee Royale und Propolis enthält. Forever Bee Honey beinhaltet dadurch 190 Nähr- und Vitalstoffe, 19 Aminosäuren, 33 Mineralien und 11 Vitamine und Enzyme. Gegessen, ist er ein Energiespender höchster Güte, insbesondere beim Kräfteaufbau, denn er enthält alle lebenswichtigen Nährstoffe. Durch die Art der Massage wird die allgemeine Ausleitung und der Reinigungs- und Aktivierungsprozeß angeregt sowie Toxine und Stoffwechselschlacken gelöst und die Ausscheidung von Schlacken und Toxinen aktiviert. Gleichzeitig handelt es sich bei dieser Art der Massage um eine leichte Bindegewebs- und Lymphdrainage.

Der Trollspaß
Die Aloe Vera Liquid Soap ist eine besonders feuchtigkeitsspendende und bakterizid wirkende Flüssigseife mit einem reinen Anteil von 33% Aloe Vera Gel. Ihr ausgewogener pH-Wert reinigt schonend und trocknet die Haut nicht aus.

Die Trollsalbe
Die Aloe Vera Propolis Creme und das Aloe Vera First Spray sind eine ideale Ergänzung für trockene, gereizte Haut, denn sie sind ein wahrhafter Feuchtigkeitsspender erster Güte. Aloe Vera Propolis Creme enthält wichtige Aufbaustoffe für die Haut, nämlich 74 % Aloe Vera Gel, Bienenpropolis, lösliche Proteine, Enzymkomplexe, Vitamin A C E (Antioxidantien), Kollagen + Elastin (Struktursubstanzen) und Pflanzenextrakte wie Kamille und Schwarzwurz (Allantoin). Aloe Vera Propoliscreme vereint die antiseptische Wirkung von Aloe & Propolis und ist eine optimale Haut- und Gesichtspflegecreme für jeden Tag. Durch die Kombination mit Aloe Vera First Spray, welches einen Aloe Vera Gel Anteil von 78 % enthält, ebenfalls mit Bienenpropolis und Allantoin sowie verschiedenen wertvollen Kräuter- & Blütenextrakten (Ringelblume, Schafgarbe, Thymian, Kamille, Löwenzahn, Salbei, Eukalyptus, Passionsblume, Ingwer, Borretsch, Sandelholz) ist eine optimale Versorgung der Haut garantiert. Das First Spray wirkt desinfizierend.

ACHTUNG! Nicht verwenden bei Allergien gegen Propolis oder Korbblütler (Kamille)!

Die Trollbekleidung

Waschlappen und Naturschwamm dienen der Körperwahrnehmung. Der Waschlappen, warm, weich und wohlig, der Naturschwamm wie eine samtig-sanfte Streicheleinheit.

Der Trollschabernack

Große Greiffedern, Straußenfedern und Kaninchenfell dienen zur Sinneswahrnehmung über das größte Organ, die Haut. Die Greiffedern zu spüren und gleichzeitig den Luftzug, den sie hinterlassen, ebenso das leichte Kitzeln sind Qualitäten, die im heutigen Alltag kaum mehr gekannt werden. Die Straußenfedern sind auf der Welt die einzigen Federn, welche energetischen Unrat anziehen und festhalten. Straußenfedern bestehen aus Millionen feinster Federfasern, die von Natur aus ein Öl enthalten, das den energetischen Unrat effektiv einfängt und hält. Ein kurzes, kräftiges Ausschütteln genügt, um diese Energie wieder loszuwerden. Das Kaninchenfell, flauschig weich, ist ein Hochgenuß auf der Haut, denn im Grunde sehnt sich jedes Kind nach der Berührung mit feinem Fell.

Die
Elfenmassage

Eljara, die fröhlich-lustige Elfe von nebenan

Die Luft ist warm, die Sonne dringt durch Carinas Fenster in ihr Zimmer und streichelt ihr über die zarten Bäckchen. Carina öffnet ihre Augen und blinzelt. Schnell den Schlaf aus den Augen gerieben, springt sie auf und holt sich ihre Badesachen. Einen Sing-Sang summend hüpft sie leichtfüßig die Treppen hinunter und hinaus auf die Terrasse. Der Tisch ist bereits gedeckt, doch sie hat wohl mal wieder verschlafen, denn alle anderen sind schon mit ihren Alltagspflichten beschäftigt.

Ihre Augen gleiten durch den Garten hin zum Planschbecken, schnell greift sie nach einem Brötchen und trinkt etwas. Die Blütenpracht in Mamas Garten, diese Düfte, all das ist für sie eine einzigartige Faszination. Langsam, noch kauend streift sie barfuß durch den Garten, berührt die verschiedensten Blütenkelche und murmelt leise vor sich hin. Plötzlich entdeckt sie ein ganz verstecktes Blütenköpfchen, welches noch im Schatten verweilt. Und siehe da, in seinem zarten Blütenkelch sind noch Wassertröpfchen drin. Sie kippt murmelnd, ja beinahe beschwörend den Blütenkelch und träufelt das Blütenwasser in ihre Hand. Dann läuft sie zum Planschbecken und läßt es hineinträufeln und spricht immer wieder ganz leise die Worte: »Wunschwasser der Elfen, mögest du mir doch helfen!«

Und dann springt sie voller Freude in das sonnenwarme Wasser hinein. Carina legt ihren Kopf auf den weichen Rand, schaut den Schmetterlingen und Bienen zu, genießt die Wärme des Wassers und am Rücken den leicht sandigen Untergrund vom Planschbecken. Völlig ruhig, leise summend entspannt sie sich; in Gedanken immer wieder hörend: »Blütenkleid, es wird Zeit, Blütenkleid, es wird Zeit!« In der Ferne surren Libellen, und sie hört das Zwitschern der Vögel. Ganz sachte schlummert Carina von diesem eingehüllten Glücksmoment im Elfen-Wunsch-Wasser ein. Sie träumt von einem rosafarbenen Blütenkleidchen und sieht sich im pink-rosafarbenen Wunschwasser liegen. Stimmen dringen an ihr Ohr: »Carina, Carina wach auf, wir sind es. Du hast uns gerufen.« Viele regenbogenfarbene durchsichtige

Kugeln schweben über sie herab und landen im Wunschwasser und auf ihrem Körper. Sie sehen aus wie viele feine Seifenblasen. Wieder hört sie die Stimmen, welche aus diesen schwebenden Kugeln kommen. »Kleine Prinzessin fein, mögest unsere Freundin sein!« Wieder erblickt Carina dieses wunderhübsche rosafarbene Blütenkleidchen und ist ganz verzückt. »Blütenkleid, jetzt ist die Zeit, Blütenkleid, ich bin bereit!« Ein Elfentuch inmitten von einem Meer aus bunten Blüten liegt vor ihr. Es duftet himmlisch, und viele kleine Elflein schwirren um sie herum. »Wir hegen dich, wir pflegen dich, wir mögen dich!« Wie eine Prinzessin fühlt sie sich, behütet, so fein, so leicht, einfach so, wie sie es sich immer gewünscht hat. Wieder erscheint ihr das rosafarbene Blütenkleidchen, und sie spricht die Worte: »Blütenkleid, ich bin bereit, hab mich von alter Last befreit!« Einige Elfen kommen zu ihr geflogen und lassen ein Sonnentuch über sie fallen. Nun beginnen sie, ihren Elfen-Blüten-Tanz zu tanzen. »Wir lieben es, zu singen, mögen es, zu springen, tanzend, singend, springend, daß alle Blütenkelchlein klingen!« Carina schaut voller Verzückung den Elflein zu und sieht eine, die schönere, etwas größere und viel glitzerndere Flügel hat. Sie hat auch einen schimmernden Stein umhängen. Oh, wie besonders schön sie ist, denkt Carina. »Willkommen Carina, willkommen meine kleine Prinzessin aus der Menschenwelt. Ich bin Eljara, die Elfe, und hoffe doch sehr, daß es dir bei uns gefällt.« Eljara bringt einen Elfen-Schutz-Zauber mit, den Carina benötigt, damit sie mit den Elfen auf eine Reise gehen kann. Carinas Augen glänzen vor Glück, und Eljara hält in ihren Händen eine Regenbogenschnecke und bedeutet ihr mit himmlischen Blicken, diese zu berühren. Carina folgt dem Wunsch, den sie zu hören scheint, und schwupp, wie von Hunderten von Elfen getragen, schwebt sie durch die Lüfte, und plötzlich bemerkt sie, daß auch sie Elfenflügel hat und ebenso klein ist wie ihre neuen Freundinnen. Immer noch hört sie diese Stimme der Elfe Eljara: »Schau hin, fühl hin, komm zu uns ins Reich der Elfen. Nimm die Sprache des Geistes, dich zu öffnen!« Doch plötzlich erblickt

Carina einige versteinerte Blütenkelche und ist ganz arg erschrocken darüber. Eljara hat es sofort bemerkt und erzählt Carina von den Ängsten, von dem, was im Inneren so anstrengend ist, und von dem, was uns die Kraft raubt. Das fühlen die Blütenkelche, und sie erstarren vor Schreck. Eljara spricht mit zarter aber dennoch kräftiger Stimme: »Neu ist das Fühlen, neu ist das Leben, vorbei ist das Wühlen, Leichtigkeit ist unser Bestreben.« Carina atmet auf, denn nun sind alle Blütenkelche wieder lebendig. Und weiter fliegen sie über das Land der Elfen, und ein sehnlicher Wunsch drängt sich in Carinas Gedanken, der Wunsch nach wallendem Elfenhaar, welches golden in der Sonne glänzt und zart ist wie feinste Seide. Eljara lacht, blickt sich zu Carina um und spricht: »Elfenhaar, Elfenhaar, ach es steht dir wunderbar!« Und schon ist Carinas Wunsch erfüllt, und sie fühlt es, dieses unglaublich wundervolle Haar. Vor Freude dreht sie sich in der Luft und schlägt Kapriolen. Langsamer wird der Flug der Elfen, auch Carina bemerkt es und schaut, was geschieht. Sie nähern sich dem Heim der Elfen, und die Stimme Eljaras erklingt und durchdringt alle und alles. »Heim der Elfen zeige dich, laß verkünden durch meine Stimme frisch!« Carina staunt mit großen Augen. Vor ihr ist ein Zauberpalast aus grünem Stein, und alles ist rundlich, alles glänzt, und dazwischen bunte Blüten und glitzerndes Wasser. Wow, so etwas hätte sie gerne für ihre Barbies. Sie landen bei einer Eingangshalle, und Carina ist ganz aufgeregt. Sie spürt alles Blut in sich in Wallung vor lauter Energie, vor Freude, vor lauter guten Gefühlen. Am liebsten würde sie alle umarmen, so sehr wird sie von der immensen Kraft durchströmt. Eljara begibt sich auf den Weg in den Elfenpalast, gefolgt von allen anderen Elfen und Carina. Vor einem großen Saal bleiben sie stehen, und Eljara spricht in zarten Worten: »Öffne dein Geheimnis sacht, damit die Liebe auch über die Menschen wacht.« Und Carina erblickt voller Staunen, wie sich der Saal in einer rosa-pinkfarbenen Aufmachung zeigt, mit leichten weißen Bändern, und überall blühen rosa bis rosa-pinkfarbene Blüten. So etwas unglaublich Schönes hat Carina noch niemals in ihrem Leben gesehen, noch nicht einmal im Fernsehen.

Dann erscheinen inmitten dieses Anblicks violett-weiße Stäbe, und die Elfen begeben sich dorthin, um sie zu berühren. Carina hört die Elfen dabei eine Art Beschwörung sagen: »Reiner Geist aus weißer Kraft, spende Weisheit in jeder Blüte Saft.« Ein Leuchten geht von den violett-weißen Stäben aus und erfüllt den Saal. Alle Elfen sprechen gleichzeitig: »Wir hegen, wir pflegen, wir achten und wachen!« Carina sieht wieder diese wundervollen Regenbogenkugeln, die so ganz transparent durch die Luft schweben, und spürt wieder das Elfenhaar.

»Elfenhaar, Elfenhaar, vergiß niemals wie schön es war!« Carina hat wieder ihr eigenes normales Haar. Traurig und hilflos blickt sie zu den Elfen. Dann erblickt sie wieder das Elfen-Blüten-Kleid, welches immer näher auf sie zufliegt, sie umkreist und dann den Rücken hinunterfällt. Gleichzeitig hört sie die Elfen singen: »Prinzessin Ina wird wieder Carina!« Sogleich verliert Carina das Kleidchen, nur die Flügel und die kleine Größe sind noch geblieben. Sie versteht immer noch nicht, warum dies passiert. Wieder erblickt sie die Regenbogenkugeln, die mit Leichtigkeit durch die Lüfte schweben, alle Elfen schwinden vor ihren Augen dahin und wandeln sich in diese Kugeln. »Wir kennen dich du liebes Kind, mußt jetzt heim ganz geschwind!« Carina wird ganz traurig, denn sie möchte doch so gerne noch bei Eljara und ihren Elfenfreundinnen bleiben. Und während sie so überlegt, spürt sie ungewöhnliche Tröpfchen auf ihrer Haut und hört wieder Stimmen: »Bewahre die Erinnerung, nimm sie als Geschenk der Erheiterung!« Noch einmal spürt Carina ganz deutlich das Feenhaar, und sie murmelt leise vor sich hin: »Elfenhaar, Elfenhaar, ich vergeß niemals, wie schön es an mir war!« Ein letztes Mal erblickt Carina die Traumblasen, wieder in den Regenbogenfarben schillernd, und sie vernimmt einen Gruß von Eljara: »Hab Dank liebe Carina für dein Rufen, komm uns bald mal wieder besuchen!« Ein leichtes Lächeln in Carinas Gesicht verrät ihre Freude über die Einladung Eljaras. Nun murmelt Carina etwas, was ihr doch sehr vertraut vorkommt: »Blütenkleid, es wird Zeit, Blütenkleid, es wird allerhöchste Zeit!« Sie zuckt zusammen, denn es scheint zu regnen.

»Wach auf, du Schlafmütze, du bist ja eingeweicht in dieser Pfütze!« Carina öffnet ihre Augen und blickt in das grinsende Gesicht ihres Bruders, der mit der Spritzpistole vor ihr steht.

»Laß mich in Ruhe!« raunzt Carina zu ihm hinüber und klettert aus ihrem Planschbecken, um sich abzutrocknen. Noch ganz in Gedanken versunken, legt sie sich auf die Liege und sinnt nach.

Einführung in die Welt der Elfenmassage

Die Elfenmassage ist eine feine, zarte und dennoch spritzig-freudige Berührung der Seele und eine liebliche Empfindung von Leichtigkeit, Wohlbefinden, Frohsinn und Ausgeglichenheit.

Durch die Verwendung verschiedener Materialien und Techniken ist es immer eine erneute Herausforderung, dem »inneren« Elflein und der »äußeren« Elfe zu begegnen. Wichtige Elemente bei dieser Art von Massage sind die Schulung der Sinne, das sanfte sicherheitsspendende Berühren und die verschiedenen Edelsteine. Das »Pink-Violett«, welches die Elfe im Außen symbolisiert, findet sich bei allen verwendeten Materialen wieder. Die Komplementärfarbe zu Pink-Violett ist Gelb-Grün, das »Innere« der Elfen, der Zauber des Elfenstaubs, welchen zu berühren sich lohnt!

Bedeutung von »Pink-Violett« (Elfen-Blüten-Kleid) und »Gelb-Grün« (Elfenstaub und Elfenzauber) bei der Massage

Das äußere Violett wirkt reinigend und befreiend, und entsprechende »Elfen-Steine« wirken anregend, loslösend und schützend, im körperlichen Bereich insbesondere bei den Bronchien und den allgemeinen Lungen-funktion. So schwinden Niedergeschlagenheit, Enttäuschung und Ängste dahin. Wie in einem verborgenen Blütengarten kann sich die Elfe entfalten und ihre Lebensfreude weitergeben. Die fühlbare Geborgenheit schenkt Vertrauen und den sicheren Selbstausdruck. In ihrem Innern, welches dem Gelb-Grün entspricht, ist Tatkraft mit Sorglosigkeit gepaart und sehr viel Verständnis für das stetig wandelnde Erleben. Frieden und Optimismus sind die guten Begleiter auf dem kommenden Weg.

Woher stammt die Elfenmassage?

Sie ist mir sozusagen vor der Haustüre in unmittelbarer Nachbarschaft begegnet. Ein Blick genügte, und es war klar, sie verkörpert die Elfenmassage. Ihre Haare wie zarteste Seide, Augen so blau wie der Sonnenhimmel und ein Lächeln, welches an den wunderschönsten Blumengarten erinnert. Doch zunächst verschwand diese wundervolle Energie und wich dem dunklen und kalten Winter. Nicht spürbar, nicht greifbar – und dennoch tauchte sie mit den ersten wärmenden Sonnenstrahlen wieder auf, die Lebensfreude und das Leuchten in den Augen. Ein wohliges Durchströmen im ganzen Körper, ein Gefühl, gleich über dem Boden zu schweben vor Glück und Leichtigkeit. Jetzt ist die Zeit gekommen, in diese hauchzarten Energien einzutauchen, sozusagen als Vorgeschmack auf den Frühling und das Erwachen der Natur zu purer Lebensfreude.

Was bewirkt die Elfenmassage mit Edelsteinen?

Die Elfenmassage mit ihren unterschiedlichen Materialien wie Wasser, Stoffe, Liquid Soap, Seifenblasen, Moist Lotion, First Spray, Straußenfedern und Edelsteinen streichelt sanft die seelischen Qualitäten ans Tageslicht und läßt Frohsinn, Lebendigkeit und sprühende Phantasie im Alltag erblühen. So lösen sich energetische Verkrampfungen und Funktionsstörungen in organischen Reflexzonenbereichen, und der körpereigene Energieumsatz wird merklich erhöht.

Die äußere und innere Reinigung von Körper und Seele lassen die Haut auftanken und die Seele baumeln. Durch die vielfältige Art der

Massage werden die körpereigenen Sinne gestärkt und der gesamte Organismus in Gleichklang gebracht.

Die unterschiedlichen Edelsteine verstärken entsprechende Themen und beschleunigen so den eigenen Weg in die innere Kraft, welche dann nach außen dringen kann und so manche kreative Gedanken und Träume wahr werden läßt.

Zuwendung und Zeit füreinander tut uns allen gut, und eine solche Massage ist ein wahres Geschenk des Herzens. Sie wird immer mit tiefstem Dank und höchster Freude genossen.

Na, Lust auf eine oder ein paar Elfen?

Probieren Sie es einfach mal aus, denn die Massage erweckt so manch zart schlummernde Elfe zu einer lebensfrohen dahintanzenden Glückselfe.

Utensilien für die Elfenmassage

Bezeichnung	Was es ist	Anmerkung/Bezugsquellen	Mögliche Alternativen
Elfen-Lager	Massageliege oder Matratze	Ein bequemes, aber auch festes Lager, so daß Sie gut massieren können. Idealerweise mit Leintuch in Pink (Farbwirkung!)	Andere elfentypischen Farben, vorzugsweise Pink- und Rosattöne (Badehandtücher, Stofftücher oder Decken)

Bezeichnung	Was es ist	Anmerkung/Bezugsquellen	Mögliche Alternativen
Elfen-Sonnen-Wind	Heizlüfter oder andere gute Wärmequelle	Der Raum muß für die Massage sehr warm sein, da auch mit Flüssigkeit massiert wird.	Eine gute Möglichkeit sind auch Infrarotstrahler, wie sie z. B. über Wickeltischen eingesetzt werden (falls noch vorhanden).
Elfenseide	Pinkfarbenes Viskosetuch oder gelbes Handtuch	Im eigenen Haushalt oder in Kaufhäusern, evtl. Versandhandel	
Elfen-Quell-wasser	Karaffe mit kaltem Wasser + transparente Plastikschüssel	Je schöner die Gefäße sind, desto besser für den Augenschmaus und die ganzheitliche, sinnliche Massageerfahrung	Irgend etwas Nettes, Exotisches oder Ungewöhnliches findet sich in jedem Haushalt.
Elfentau-tropfen	Chrysokoll-Essenz	Im Mineralienhandel, bei der Vielfaltoase oder direkt bei den Herstellern erhältlich.*	Trommelstein Chrysokoll mehrere Tage ins Wasser legen
Elfen-Wunsch-Wasser	Mixtur aus: Provitamin B5, Meeresmineralien, Blütenextrakte, Hibiskus, Blumengardenie, Rosenöl	Hautpflegende Mixtur mit Vitaminen, Mineralien und anderen stärkenden Substanzen. Da in der Herstellung aufwendig, können kleine Mengen bei der Vielfaltoase* bezogen werden.	Eine eigene hautpflegende Mixtur aus natürlichen Bestandteilen. Meine persönliche Empfehlung: Gute, fachgerechte Beratung in Bioläden!
Elfen-Sommer-Wasser	1 Liter heißes Wasser	1 Liter Wasser im Wasserkocher kochen und mit geschlossenem Deckel stehen lassen	Wasser vor der Massage kochen und dick in Tücher eingewickelt warmhalten.
Elfenbad	Körperwarmes Wasser mit Chrysokoll-Essenz	Mischung von Elfen-Quellwasser (kalt), Elfen-Tautropfen (10 Tropfen Chrysokoll Essenz) und Elfen-Sommerwasser (heißes Wasser), so daß eine angenehme körperwarme Temperatur erreicht wird.	Chrysokoll-Wasser statt Chrysokoll-Essenz (siehe »Elfen-Tautropfen« oben).

Bezeichnung	Was es ist	Anmerkung/Bezugsquellen	Mögliche Alternativen
Elfen-Träume	Muschelschale und Seifenblasenzubehör	Aus dem eigenen Haushalt oder aus Kaufhäusern	Irgend etwas Nettes, Exotisches oder Ungewöhnliches findet sich in jedem Haushalt.
Elfen-pflege	Aloe Vera Liquid Soap	Feuchtigkeitsspendende Flüssigseife mit 33% Aloe Vera Anteil und ausgewogenem pH-Wert. Zu beziehen bei selbständigen Beratern der Fa. Forever Living Products Gmbh oder bei der Vielfaltoase.*.	Ähnliche hochwertige Aloe Vera Produkte oder andere feuchtigkeitsspendende Flüssigseifen mit ausgewogenem pH-Wert. Z.B.: Santa Verde, spezialisiert auf breites Sortiment an kosmetischen Produkten auf Aloe Vera Basis.*
Elfen-Schutz-Zauber	Aloe Vera Moisturizing Lotion + Aloe Vera First Spray	Die Aloe Vera Moisturizing Lotion (36% reines Aloe Gel) und das Aloe Vera First Spray (78% reines Aloe Gel) sind ein idealer Pflegeschutz und Feuchtigkeitsspender erster Güte durch Kollagen und Elastin als Struktursubstanzen, Allantoin, Jojobaöl, Aprikosenkernöl und die Vitamine A, C, E (Antioxidantien). Aloe Vera First Spray enthält Bienenpropolis und Allantoin sowie verschiedene wertvolle Kräuter- und Blütenextrakten (Ringelblume, Schafgarbe, Thymian, Kamille, Löwenzahn, Salbei, Eukalyptus, Passionsblume, Ingwer, Borretsch, Sandelholz). ACHTUNG! Nicht verwenden bei Allergien gegen Propolis oder Korbblütler (Kamille)! Zu beziehen bei selbständigen Beratern der Firma	Auch Santa Verde ist spezialisiert auf kosmetische Produkte mit Aloe Vera Anteil.*

Bezeichnung	Was es ist	Anmerkung/Bezugsquellen	Mögliche Alternativen
		Forever Living Products GmbH oder bei der Vielfaltoase.*	
Elfenbekleidung	Pink-Rosafarbene Waschlappen, Handschuhe und Puschel in pink-rosa	Im eigenen Haushalt, Drogeriemärkten oder in Kaufhäusern, Versandhandel etc.	Waschlappen selber einfärben!
Elfenhaar	Straußenfeder in pink gefärbt	Eurodeko-Backnang	Eine andere sehr weiche Feder mit langen Verästelungen
Elfenschätze	Edelsteine getrommelt, geschliffen und als Rohstücke	Erhältlich im gut sortierten Mineralienhandel oder anderen Fachhändlern mit Mineraliensortiment, auch bei der Vielfaltoase.*	Wenn bestimmte Steinsorten nicht zu finden sind, verwenden Sie andere Steine mit ähnlichen Wirkungen.
	Trommelsteine flach mittelgroß	Chrysopras, Zauberkraft zum inneren Mut	
	Trommelsteine klein und flach	Rhodochrosit, der Liebesbote der Elfenwelt	
	Kleine Stückchen flach	Abalone, Schutzkraft der frohen Sinne	
	Scheiben poliert	Versteinerte Koralle, die Sprache des Geistes	
	Rohstücke angeschliffen	Ammolith, geheimnissvolle Verführung Malachit, die Stimme Eljaras	
	Längsgeformter Griffel	Amethystquarz, die reine Weisheit	

* siehe auch Bezugsquellen im Anhang

Durchführung der Elfenmassage:

01. Bereitstellen der Materialien (Utensilien und Steine für die Massage).

02. Bequeme Position für die zu behandelnde Person und ausreichend Wärme.

03. Sammlung, Schutz und bewußtes Einfühlen in das Reich der Elfen: Elfen-Tautropfen (Chrysokollessenz) in Elfen-Quellwasser träufeln und mit warmem Wasser zum Elfenbad mischen.

04. Mit rosa Handschuh (Elfen-Blüten-Kleid) in das warme Blüten-Wasser-Bad eintauchen.

05. In kreisenden Bewegungen den Rücken vom Nacken zum Kreuzbein hin sanft massieren.

06. Vom Kreuzbein wieder in sanften kreisenden Bewegungen hinauf zum Nacken.

07. Elfen-Blüten-Kleid (rosa Handschuh) beiseitelegen.

08. Elfen-Wunsch-Wasser auf den Rücken träufeln.

09. Langsames, kreisförmiges Verstreichen auf dem Rücken bis zum Unsichtbarwerden.

10. Seifenblasen über den Rücken pusten.

11. Den Rücken mit dem rosa Handschuh und Wasser reinigen.

12. Aloe Vera Liquid Soap in die Hand und vorsichtig ins Blütenwasser eintunken.

13. In der Mitte des Rückens beginnen und in kreisenden Bewegungen den Rücken einschäumen.

14. Mit dem rosa Handschuh den Rücken von der Liquid Soap säubern.

15. Weiches Handtuch auf den Rücken legen und mit leicht tanzenden Bewegungen (kleiner Elfen-Blüten-Tanz) den Rücken trocknen.

16. Aloe Vera Moist. Lotion und First Spray in der Hand mischen und den Rücken in kreisenden Bewegungen einmassieren.

17. Regenbogenschnecke auf dem Kreuzbein auflegen.

18. Versteinerte Korallen linksseitig auf dem Tor des Windes auflegen, je ein Mal links- und rechtsseitig an den Lungenflügel-Endpunkten.

19. Mit der Straußenfeder über den Körper und die Steine schwingen und streicheln.

20. Mit dem grünen Malachitbaum im unteren Rückenbereich in kreisenden Bewegungen massieren.

21. Rhodochrosite über den Rücken nach Empfinden verteilen.

22. Mit dem Amethyststab in kurzen Abständen über die noch freien Stellen am Rücken streichen.

23. Seifenblasen über den Rücken pusten und wieder den Amethyststab zum Abstreichen verwenden.

24. Mit der Straußenfeder über den Körper und die Steine schwingen und streicheln.

25. Mit dem Puschel die Steine vom Rücken fegen.

26. Seifenblasen über den Rücken pusten.

27. Nun fallen in Wasser getränkte Pauamuscheln auf den Rücken.

28. Mit der Straußenfeder über den Körper und die Steine schwingen und streicheln.

29. Seifenblasen über den Rücken pusten.

30. Mit dem Puschel die Steine vom Rücken fegen.

31. Je nach eigenem Empfinden können erneut weitere von den verbliebenen Elfensteinen aufgelegt werden.

32. Mit dem Puschel nochmals über den Rücken tanzen und mögliche Elfensteine hinunterfegen.

33. Mit First Spray den Rücken vom Kreuzbein her zum Nacken massieren.

34. Rücktausch übernommener Energien und Auflösung im Raum hängender Energien.

35. Verabschiedung der Elfen und Begrüßung der kleinen Prinzessin.

36. Das Kind die abgelegten Steine um den Körper anschauen lassen.

37. Kurz fragen wie es der Prinzessin/dem Prinzen gefallen hat oder ggf. Fragen beantworten.

38. Bewußtes Loslassen der »Behandlerrolle«.

39. Reinigung der Edelsteine, lüften und ggf. Aufräumen des Behandlungsraumes.

Erzählen und mit dabeisein bei der Phantasie-Fühl-Reise zu den Elfen

PKT. 01 - 03 VORBEREITUNG DER BEGEGNUNG MIT DEN ELFEN

*»Wunschwasser der Elfen,
mögest du mir doch helfen!«*

Elfen-Tautropfen (Chrysokoll-Essenz) mit Elfen-Quellwasser und warmem Wasser zum Elfenbad mischen (ohne Abbildung).

PKT. 04 - 07 DER TRAUM VOM ELFEN-BLÜTEN-KLEID

*»Blütenkleid, es wird Zeit,
Blütenkleid, es wird Zeit!«*

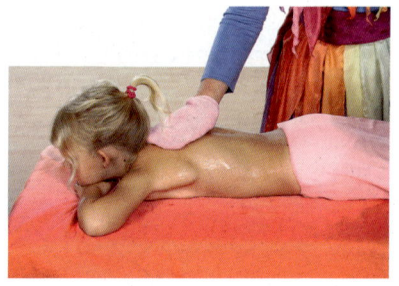

*Rosa Handschuh (Elfen-Blüten-Kleid)
in das warme Elfenbad eintauchen
und den Rücken damit einstreichen.*

PKT. 08 - 09 ELFEN-WUNSCH-WASSER

»Carina, Carina, wach auf.
Wir sind es, du hast uns gerufen.«

Elfen-Wunsch-Wasser auf den Rücken
träufeln und langsam, kreisförmig verstreichen bis zum Unsichtbarwerden.

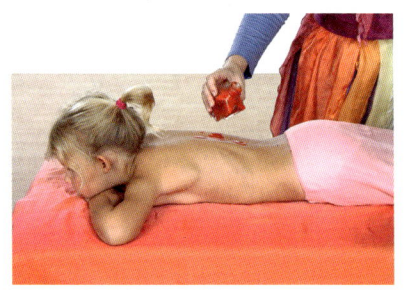

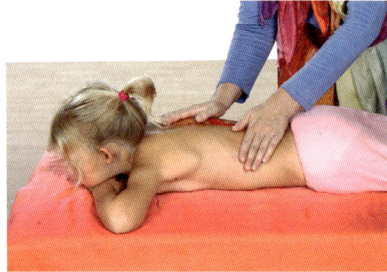

PKT. 10 ELFEN-TRÄUME

»Wir hegen dich, wir pflegen dich,
wir mögen dich! Kleine Prinzessin
fein, mögest unsere Freundin sein!«

Seifenblasen über den Rücken pusten.

PKT. 11 ELFENBEKLEIDUNG

»Blütenkleid, jetzt ist die Zeit,
Blütenkleid, ich bin bereit!«

Rücken mit rosa Handschuh
und Wasser reinigen.

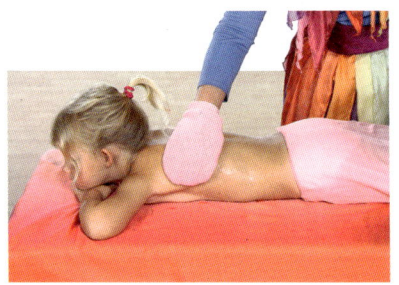

PKT. 12 - 13 ELFENPFLEGE

*»Wir hegen dich, wir pflegen dich,
wir mögen dich!*

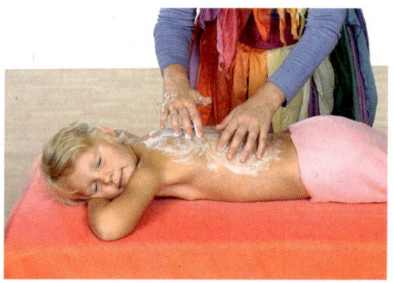

*Aloe Vera Liquid Soap ins Elfenbad
eintauchen und in der Mitte beginnend mit kreisenden Bewegungen
den Rücken einschäumen.*

PKT. 14 ELFENBEKLEIDUNG

*»Blütenkleid, ich bin bereit, hab
mich von alter Last befreit!«*

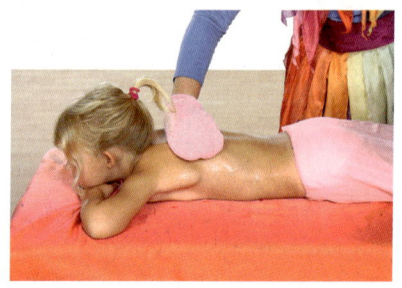

*Mit rosa Handschuh den Rücken
von Liquid Soap reinigen.*

PKT.15 ELFEN-BLÜTEN-TANZ

*»Wir lieben es, zu singen,
mögen es zu springen;
tanzend, singend, springend,
daß alle Blütenkelchlein klingen!«*

*Weiches Handtuch auf den
Rücken legen und mit leicht
tanzenden Bewegungen den
Rücken trocknen.*

»Willkommen Carina, willkommen, meine kleine Prinzessin aus der Menschenwelt, ich bin Eljara, die Elfe, und hoffe doch sehr, daß es dir bei uns gefällt.«

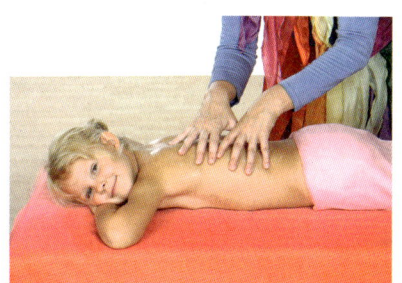

Aloe Vera Moist. Lotion und First Spray mischen und den Rücken in kreisenden Bewegungen einmassieren.

PKT. 17 DIE REGENBOGENSCHNECKE

»Schau hin, fühl hin, komm zu uns ins Reich der Elfen. Nimm die Sprache des Geistes, dich zu öffnen!

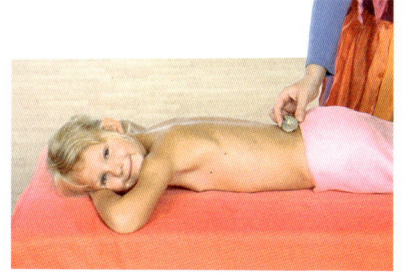

Ammolith (»Regenbogenschnecke«) am Kreuzbein auflegen.

PKT. 18 DER STEIN DER SPRACHE DES GEISTES

»Neu ist das Fühlen, neu ist das Leben, vorbei ist das Wühlen, Leichtigkeit ist unser Bestreben.«

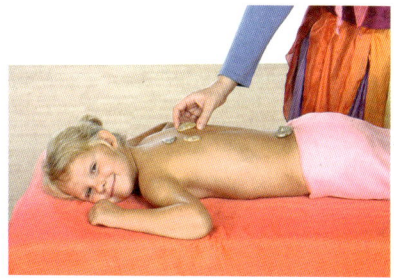

Versteinerte Korallen linksseitig auf dem Tor des Windes (links oben zwischen Wirbelsäule und Schulterblatt) auflegen, je ein Mal links- und rechtsseitig an den Lungenflügel-Endpunkten.

Pkt. 19 Elfenhaar

»Elfenhaar, Elfenhaar,
ach, es steht dir wunderbar!«

Straußenfeder über den Körper
und die Steine schwingen.

Pkt. 20 Die Stimme Eljaras

»Heim der Elfen, zeige dich,
laß verkünden durch meine
Stimme frisch!«

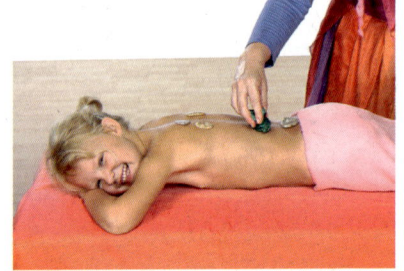

Mit grünem Malachitbaum im
unteren Rückenbereich in kreisenden
Bewegungen massieren.

Pkt. 21 Liebesbote der Elfenwelt

»Öffne dein Geheimnis sacht,
damit die Liebe auch über die
Menschen wacht.«

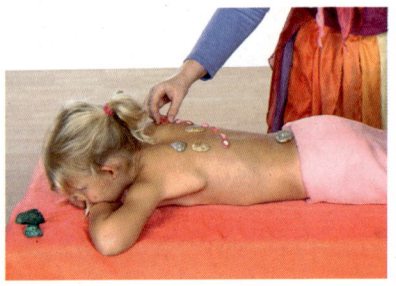

Rhodochrosite nach Empfinden
über den Rücken verteilen.

PKT. 22 DIE REINE WEISHEIT

»Reiner Geist aus weiser Kraft,
spende Weisheit durch jeder Blüte
Saft.«

Mit dem Amethyststab in kurzen
Abständen über die noch freien Stellen am Rücken streichen.

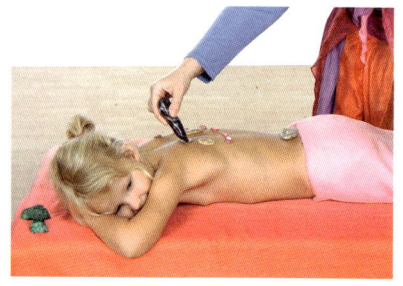

PKT. 23 ELFEN-TRÄUME UND DIE REINE WEISHEIT

»Wir hegen, wir pflegen,
wir achten und wachen!«

Seifenblasen über den Rücken pusten
und wieder den Amethyststab zum
Abstreichen verwenden.

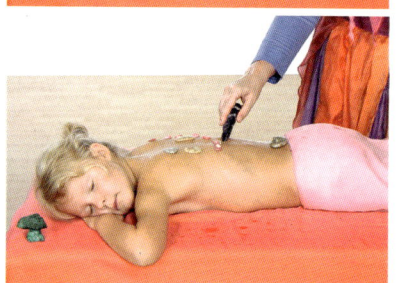

PKT. 24 ELFENHAAR

»Elfenhaar, Elfenhaar,
vergiß niemals wie schön es war!«

Mit der Straußenfeder über den
Körper und die Steine schwingen
und streichen.

PKT. 25
ELFEN-BLÜTEN-KLEID

»Prinzessin Ina wird wieder Carina!«

Mit dem Puschel die Steine vom
Rücken fegen.

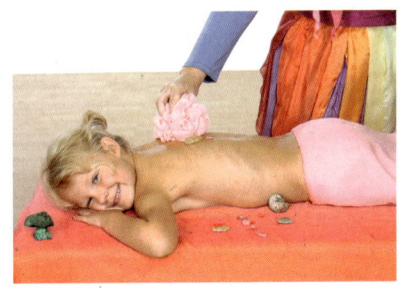

PKT. 26 ELFEN-TRÄUME

*»Wir kennen dich du liebes Kind,
mußt jetzt heim ganz geschwind!«*

Seifenblasen über den Rücken pusten.

PKT. 27 SCHUTZKRAFT DER FROHEN
SINNE

*»Bewahre die Erinnerung, nimm
sie als Geschenk der Erheiterung!«*

In Wasser getränkte Pauamuscheln
auf den Rücken träufeln.

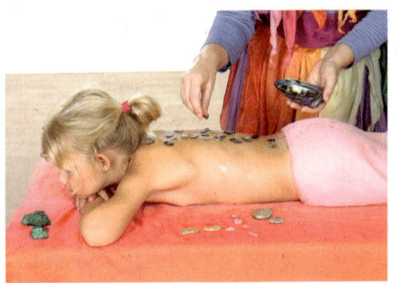

PKT. 28 ELFENHAAR

*»Elfenhaar, Elfenhaar, ich vergesse
niemals, wie schön es an mir
war!«*

Mit der Straußenfeder über den Körper und die Steinen schwingen.

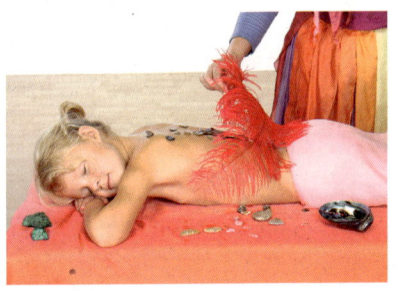

Pkt. 29 Elfen-Träume

»Hab Dank, liebe Carina, für dein
Rufen, komm uns bald mal wieder
besuchen!«

*Seifenblasen über den
Rücken pusten.*

Pkt. 30 Elfen-Blüten-Kleid

»Blütenkleid, es wird Zeit, Blütenkleid, es wird allerhöchste Zeit!«

*Mit dem Puschel die Steine
vom Rücken fegen.*

Pkt. 33. Elfen-Schutz-Zauber

»Wach auf, du Schlafmütze, du bist
ja eingeweicht in dieser Pfütze!«

*Mit First Spray den Rücken
vom Kreuzbein her zum Nacken
massieren.*

Wirkungen der Elfensteine

Abalone (Paua-Muschel), Schutzkraft der frohen Sinne

Egal, was auch passieren mag, wie groß Niedergeschlagenheit und Enttäuschungen auch sein mögen, der achtsame Umgang mit sich und anderen bleibt bestehen und natürlich das starke Gefühl von Sicherheit, Schutz und lebensfreudigem Frohsinn.

Körperlich werden Entzündungen der Haut und Juckreiz gelindert. Schleimhäute und Sinnesorgane werden gestärkt.

Ammolith, geheimnisvolle Verführung

Der Beginn, bisher nicht Erfahrenes zuzulassen, mit Neugier und Interesse, auf dem zauberhaften Pfad der Entdeckungen angezogen zu werden durch die Schönheit der Phantasiewelten.

Körperlich erhöht sich der Energieumsatz, das Herz wird gestärkt und der Zellstoffwechsel normalisiert.

Amethystquarz, die reine Weisheit

führt zu innerem Frieden, Ehrlichkeit, reinem Herzen und Geist, bringt Reife und Weisheit. Nimmt Kummer und Müdigkeit und schenkt gute Inspiration und Intuition. Alles Ungute geht von einem.

Körperlich wird Juckreiz gelindert, Lunge und Dickdarm in ihren Funktionen unterstützt.

Chrysopras, Zauberkraft zum inneren Mut

Befreiung von Ängsten, Traurigkeit und Unsicherheit, führt zu Vertrauen und guter Geborgenheit. Schwierigkeiten im Umfeld klären sich.

Körperlich anregend auf Entschlackung und Entgiftung. Wirkt lindernd bei Allergien und Hauterkrankungen.

Malachit, die Stimme Eljaras

Stark ist das Fühlen, intensiv sind die Abenteuer und grandios ist die Welt der Vorstellungskraft. Mit Entschlossenheit wird sich auf das Glück verlassen.

Körperlich werden Gehirn, Nerven und Leber angeregt, die Entgiftung optimiert, Krämpfe und Übersäuerung gelindert.

Versteinerte Koralle, die Sprache des Geistes

Sich selbst neu zu erkennen, den Sinn der Gemeinschaft erspüren, Ängste, innere Spannungen und Streß mit dem, was einen umgibt, auflösen, einfach eingebettet sein im Zusammensein und reden über alles, was wichtig ist, egal in welcher Sprache.

Körperlich entspannen sich verkrampfte Bronchien, klingt Husten ab und das Durchatmen fällt auf einmal wieder leicht.

Rhodochrosit, der Liebesbote der Elfenwelt

Immense Kraft durchströmt den ganzen Körper, eine unglaubliche Energie von Liebe zu allem, gute Laune, Frohsinn und Gefühle, die nur so heraussprudeln, wie aus dem Quell des Lebens.

Körperlich kommt der Kreislauf in Schwung, die Nierentätigkeit und der Blutdruck werden angeregt und die Elastizität der Blutgefäße verbessert.

Wirkungen der »Elfen-Essenz«

Chrysokoll bringt innere Ausgeglichenheit insbesondere in der Gefühlswelt. Gerade auch bei Ängsten und Stimmungsschwankungen.

Körperlich lindernd bei Infektionen, Halsentzündungen, Fieber, Krämpfen, bringt Entspannung, stimuliert die Harnwege, die Entgiftung und die Leber.

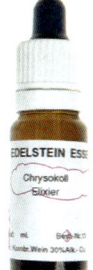

Wirkungen weiterer Materialien

Die Elfenseide
Ein pinkfarbenes Viskosetuch ist eine Besonderheit für die Haut, denn sie gehört nicht zum alltäglichen Hautgefühl der Kinder. Es sieht kostbar aus, ist leicht transparent und, wenn überhaupt, nur im Schrank der Mutter zu finden.

Das Elfen-Wunsch-Wasser
Besonders hautpflegend und mit rückfettenden Pflegekomponenten versehen durch Provitamin B5, Meeresmineralien, Blütenextrakte, Hibiskus, Blumengardenie und Rosenöl.

Die Elfen-Träume
Schon die Kleinsten lieben Seifenblasen, und eigentlich ist es fast egal, wie alt unsere Kinder sind, Seifenblasen sind und bleiben etwas ganz Beeindruckendes für die Welt des Sehens und Fühlens. Aus der mit Seifenwasser gefüllten Muschelschale werden die Seifenblasen über den Rücken gepustet, und sie zerplatzen ganz hauchfein auf der Haut, schweben zart am Gesicht vorbei und reagieren auf jeden Luftzug.

Die Elfenpflege
Die Aloe Vera Liquid Soap ist eine besonders feuchtigkeitsspendende und bakterizid wirkende Flüssigseife mit einem reinen Anteil von 33% Aloe Vera-Gel. Ihr ausgewogener pH-Wert reinigt schonend und trocknet die Haut nicht aus.

Der Elfen-Schutz-Zauber
Die Aloe Vera Moisturizing Lotion und das Aloe Vera First Spray sind ein idealer Pflegeschutz für die Spannkraft der Haut. Sie sind ein wahrhafter Feuchtigkeitsspender erster Güte. Aloe Vera Moisturizing Lotion enthält

wichtige Bestandteile für die Haut, nämlich 36% Aloe Vera-Gel, Kollagen und Elastin als Struktursubstanzen, Allantoin, Jojobaöl, Aprikosenkernöl und die Vitamine A, C, E (Antioxidantien). Die Aloe Vera-Moisturizing Lotion verbessert die Wasseraufnahme und Spannkraft der Haut und eignet sich hervorragend nach Bad und Sauna.

Durch die Kombination mit Aloe Vera First Spray, welches einen Aloe Vera-Gel-Anteil von 78% enthält, ebenfalls mit Bienenpropolis und Allantoin sowie verschiedenen wertvollen Kräuter- und Blütenextrakten (Ringelblume, Schafgarbe, Thymian, Kamille, Löwenzahn, Salbei, Eukalyptus, Passionsblume, Ingwer, Borretsch, Sandelholz) ist eine optimale Versorgung der Haut garantiert. Das First Spray wirkt desinfizierend.

ACHTUNG! Nicht verwenden bei Allergien gegen Propolis oder Korbblütler (Kamille)!

Die Elfenbekleidung

Waschlappen und der *riffi*-Fasersoft Handschuh dienen der Körperwahrnehmung. Der Waschlappen, warm, weich und wohlig, der Handschuh aus der weichen *riffi*-Faser regt die Durchblutung an, abgestorbene Hautschüppchen werden schonend entfernt, die Poren öffnen sich und können besonders viel Sauerstoff aufnehmen. Der Handschuh ist antibakteriell und für jeden Hauttyp geeignet.

Das Elfenhaar

Die Straußenfeder in pink dient zur Sinneswahrnehmung über das größte Organ, die Haut. Die Federn zu spüren und gleichzeitig den Luftzug, den sie hinterlassen, und ebenso das leichte Kitzeln sind Qualitäten, die im heutigen Alltag kaum mehr gekannt werden.

Das Elfenkleidchen

Der pink-rosa Puschel fühlt sich an wie das Prinzessinenkleid einer Barbiepuppe und läßt von einem eigenen wundervollen Kleid träumen.

Die
Feenmassage

Sirijana und die vergangene Welt

Der Vollmond scheint in Jennys Zimmer. Sie liegt wach, friert unter ihrer Decke und starrt die Wände an. Schatten von den Strahlen der Mondin zeichnen sich an den Wänden ab. Jenny ist von innerer Unruhe geplagt, und obwohl ihr kalt ist, steht sie auf und geht zum Fenster. Kälte strahlt vom Fenster aus, und die Nacht spricht eine eisige Sprache. Die Landschaft ist in weißen, vom Mondschein hell erleuchteten Schnee getaucht, der Himmel in dunkelstem Blau mit glitzernden Sternen übersät. Knorrig strecken sich die kalten Zweige und Äste der Bäume der Nacht entgegen. Alles scheint unwirklich, wie von einer anderen Zeit zu sein. Jennys Zehen sind wie kleine Eiswürfel, und sie springt wieder in ihr Bett. Sie starrt zur Decke, einfach zur Decke und ist hellwach, wacher wie am Tage, und dann spricht sie klar und deutlich: »Sehen kann ich dich nicht, doch fühl ich dein Anders-Licht. Zeigst dich in kristallenen Tränen und hartem Eis, bist gar farblos, bist gar weiß!« Ein leiser Windhauch fährt durch Jennys Zimmer,

sie hält vor Aufregung schier die Luft an. Dann wird ihr plötzlich so heiß unter der Bettdecke, daß sie nach Luft ringt. Sie blickt sich im Zimmer um und sieht ein königlich-blaues Kleid, schimmernd wie mit Silber überzogen im fahlen Mondinnenlicht. Ihr ist immer noch heiß, und sie fühlt, wie Energiewellen über ihren Körper streichen. Jenny schaut klaren Blickes das Kleid an und spricht mit mutiger Stimme: »Königliches Feenkleid, trag mich hinfort, trag mich weit!« Jenny dreht sich auf den Bauch, um ihre aufkommenden Tränen zu unterdrücken, als sie eine sanfte Berührung auf ihrem Rücken fühlt. »Feen-Mondlicht-Sternenwasser hüllt ein, macht nasser!« Jenny fühlt wieder diese Energiewellen, und mit einem Mal trägt sie ein leichtes, wie aus reiner kosmischer Energie gewebtes langes edles Kleid. »Mein Kind, mein Kleid, bist du jetzt bereit?« Jenny nickt mit dem Kopf, denn zu mehr ist sie momentan nicht fähig, doch blickt sie Richtung Fenster und sieht eine wundervolle lichtdurchtränkte Frauengestalt, die ihr freundlich zulächelt. »Komm mit, mein Kind, und nähre dich, die warme Feen-Milch ist hier für dich!« Jenny steht wie schwebend auf, geht hin zu der Frauengestalt und kann ihren Blick nicht mehr von ihr lassen. Immer noch spürt Jenny diese Energiewellen auf ihrem Rücken, es ist angenehm und so vertraut. »Mein Name ist Sirijana, und ich bin deine Schutzfee des Wissens und der Weisheit! Komm, begleite mich in mein Reich!« Und Jennys wundersames Kleid hebt sich mit ihr, und sie gleitet Sirijana folgend in die klare, kalte, vom fahlen Mondlicht erhellte Nacht hinaus. Die Nacht legt sich wie ein warmer hüllender Umhang um sie, obwohl es doch eigentlich zitternd kalt sein müßte. »Nacht, oh Nacht, zeig Jenny unsere Macht!«

So schweben sie gemeinsam durch die Nacht, und Jenny kann kaum fassen, was mit ihr passiert und wohin die Reise wohl gehen mag. Sie erblickt vor sich eine Art Nebel, aber keinen, den sie jemals gesehen hat. »Nebel des Guten, Nebel des Verhangenen, öffne dich für uns zum Vergangenen.« Ein leichtes, mit wohligem Duft erfülltes Rieseln überkommt Jenny, und sie spürt eine starke innere Entspannung und wie alles Weltliche von ihr abfällt. Die Öffnung ins Reich der Feen beginnt, ins Reich

dessen, was hinter jeder realen Welt liegt. »Großer Geist des Reinen, laß uns
uns wieder vereinen!« Und nun sieht Jenny ein Leuchten über der Insel,
klar und rein, und sie spürt, wie sie mit einer Lebensfrische aufgetankt
wird, wie sie es noch nie erlebt hat. Nun spürt sie auch, daß sie wieder
Boden unter ihren Füßen hat. Sirijana nimmt Jenny bei der Hand, und sie
gehen einen schmalen, leicht ansteigenden Weg entlang. Jenny ist faszi-
niert von den blauen Felsen, die sie weiter hinten erblickt. Sirijana liest ihre
Gedanken und antwortet: »Ruhende Felsen Avalons, sind für uns wie für
euch Bonbons!« Jenny muß bei diesem Vergleich lächeln. Ja stimmt, sie
liebt Bonbons. Je länger sie ihre Augen auf die blauen Felsen richtet, desto
sicherer fühlt sie sich und desto mehr spürt sie ihre ureigenste Energie.
Und jetzt entsteht ein zartrosa Streifen über den ruhenden Felsen. Welch
ein wundervoller Anblick für Jenny. Sie spürt, wie ihr schier die Tränen

hochkommen vor Beglückung und Verzückung. »Die Kraft des sanften Tuns, möge von nun an in dir ruhn!« Nun bewegt sich dieser sanfte zartrosa Streifen zu ihr, strahlt genau in ihr Herz hinein, und es wird so wohlig warm in ihr. Ein noch nie dagewesenes Lächeln erstrahlt in ihrem Gesicht.

Sirijana blickt Jenny liebevoll an, wie eine Ur-Mutter, die allwissend ist. Dann streckt sie ihren Zeigefinger aus, zeigt auf Jenny und spricht: »Möge die Kraft deines Herzen mit dir sein, auf all deinen künftigen Wegen frei von Pein!« Sirijanas Arm senkt sich, und sie nimmt Jenny in ihre Arme. Wie von einer unendlichen Liebe umhüllt, spürt Jenny den Schutz, den Sirijana ihr spendet, und gleichzeitig hört sie wie Sirijana spricht: »Alverlofiray, Alverlofiray, Alverlofiray, sei immer im Schutz mit dabei!« Jenny atmet tief ein und ist so unglaublich glücklich, genießt jeden Moment, jede Sekunde, jeden Augenblick. Ihre Seelen treffen sich, und die wärmende Güte Sirijanas trifft Jenny ganz tief im Innern. Wind kommt auf, und Sirijanas lange Haare wehen um Jennys zarten Körper. »Feenhaar sei immerdar!« Sirijana löst die innige Verbindung und zeigt auf eine wäßrige Oberfläche, die sich in einem großen Stein angesammelt hat. Sirijana bedeutet Jenny, hineinzuschauen, und Jenny folgt gespannt der Bitte. Sie blickt in ein blaues Wasser, welches still und gefangen im großen Stein verweilt. »Gedankenkraft, Gedankenkraft, welche die Verbindung schafft!« Erstaunt sieht Jenny nun Bilder von daheim, von Mama und Papa, von all dem, woran sie gerade denkt.

Sirijana lächelt nickend Jenny an und erklärt ihr, daß sie jederzeit solche Reisen machen kann, sie benötigt nur einen großen Stein, der Wasser sammelt, welches der Regen gebracht hat. Dann streckt Sirijana ihre Hand gen Himmel, öffnet sie, und es fällt etwas hinein. Sirijana überreicht Jenny einen großen Tropfen Wasser, der wie gefroren erscheint, mit der Bitte, diesen in den Händen zu halten, wenn sie auf die Reisen der Seelen geht.

Jenny muß ihr den magischen Spruch nachsprechen, damit die Reisen unter dem Schutz-Bann der Feen stehen. »Frei und losgelöst die Seelenreise, find des Wassers magisch Kreise.«

Jenny wiederholt den Schutzbann und kuschelt sich nochmals in Sirijanas Arme. »Feenhaar, Feenhaar, vergiß niemals, wie schön es war!«

Wieder spürt Jenny den Hauch von Sirijanas Atem auf ihrem Körper, und sie spricht: »Alverlofiray, Alverlofiray, Alverlofiray, sei immer Schutz mit dabei!« Sirijana lächelt gütig und nickt bestätigend.

Nun geht Sirijana drei Schritte zurück, stellt sich fest auf den Boden, streckt beide Arme hoch in den Himmel und murmelt: »Pfade der Wahrheit, bereit für Klarheit, Pfade der Illusion, stärkt die Reflektion, Pfade des Vergessenen, betrachte im eignen Ermessenden!« Und so fallen viele, viele bunt schillernde Tropfen herab auf Jenny. Mit jedem Tropfen scheint die Luft sich mehr zu verwirbeln und Jenny zu verwirren, alles scheint sich um sie herum zu drehen. »Wirbel fein, Wirbel klein, Wirbel muß sein!« Das einzige, was Jenny noch spürt, ist der Atem Sirijanas und die stetige Entfernung von ihr. »Alverlofiray, Alverlofiray, Alverlofiray, sei immer Schutz mit dabei!« Immer schneller werden diese Wirbel, und mit einem jähen Ruck liegt Jenny plötzlich wieder im Bett in ihrem Zimmer und spürt noch den Feen-Energie-Schutz, der sie umgibt. »Der Feenschutz begleitet dich auf deinen Wegen, von uns hast du den guten Herzens-Segen!«

Glücklich und erfüllt von den Erlebnissen steht Jenny auf, denn es ist Morgen geworden.

Einführung in die Welt der Feenmassage

Die Feenmassage ist eine in sich ruhende und in der Stille der Seele wirkende Berührung, welche den Geist besonders aufmerksam und wach werden läßt. Durch das Erfühlen des wahren inneren Ichs aus der Kraft der Ruhe und der Tiefe des Seins entsteht eine neue Kraft im äußeren Tun und im inneren Fühlen.

Durch die Verwendung verschiedener Materialien und Techniken ist es immer eine erneute Herausforderung der »inneren« Schöpferkraft-Fee und der »äußeren« Wissens-Fee zu begegnen. Wichtige Elemente bei dieser Art von Massage sind die Schulung der Sinne, das sanfte sicherheitsspendende Berühren und die verschiedenen Edelsteine. Das »Blau« welches die Fee im Außen symbolisiert, findet sich bei allen verwendeten Materialen wieder. Durch die starke Verbindung zur geistigen Welt wurden bei dieser Massage transparente, klare Mineralien und ätherische Stoffe ausgewählt, welche die unendliche Schöpferkraft eines jeden Menschen symbolisieren, die wir im Außen nicht mit irdischen Augen wahrnehmen können.

Bedeutung von »Blau« (Feen Gewand) und »Transparent-Klar bis Milchig-Weiß« (Feen-Magie) bei der Massage

Das äußere Blau wirkt beruhigend und kühlend. Die entsprechenden »Feen-Steine« wirken harmonisierend auf Nieren und Blase, regen gleichzeitig jedoch die Bewegung der Körperflüssigkeiten an. So wird Angst überwunden durch Mut, dazugewonnene innere Stärke und Gleichgewicht. Das Bestreben nach Erkenntnis und Wahrheit ist aus dem Bann der Beeinflussung durch Gedanken und Umfeld gebrochen und bekommt somit seinen ihm eigenen Platz zurück.

Endlich ist die Fee frei von den Fesseln der dunklen Kräfte und kann frei ihre Energien fließen lassen, wie damals in den Gärten Avalons.

So erstrahlt sie aus ihrem Innern voller Reinheit, Klarheit und Schöpferkraft, welche sie Dinge verwirklichen läßt, die von Fülle und Erkenntnis getragen sind.

Woher stammt die Feenmassage?

Durch die Begegnung in der Kindertagesstätte mit dem Blick, welcher mich fesselte. Wie gebannt schaute ich dieses Mädchen an und ich wußte, sie war die Fee, uraltes Wissen lebte in ihr, Gänsehaut überkam mich. Diese Vertrautheit der Seelen, diese augenblickliche Reise zurück zu »alten« Zeiten, das bewegte mich sehr tief und durchströmte meinen gesamten Organismus. Instinktiv wußte ich, es würde Winter werden, bis ich in der Lage sein würde, mich dieser Massage, dieser Energie und dieser Verbindung von Tiefe und Ernsthaftigkeit hinzugeben.

Was bewirkt die Feenmassage mit Edelsteinen?
Die Feenmassage mit ihren unterschiedlichen Materialien wie Wasser, Stoffe, Liquid Soap, Energeticspray, Aloe Vera-Lotion, First Spray, Straußenfedern und Edelsteinen eröffnet tiefe Bewußtseinsinhalte, schenkt Orientierung und Klarheit im Denken und einen guten Ausgleich in den Emotionen. Der körpereigene Energiefluß wird gefördert, Anspannungen gelöst und die Gehirnhälften harmonisiert. Die äußere und innere Reinigung von Körper und Seele lassen die Haut auftanken, die Seele baumeln und den Geist erwachen. Durch die vielfältige Art der Massage werden alle Sinne geweckt und ein harmonischer Gleichklang im Organismus erzeugt.

Die unterschiedlichen Edelsteine verstärken entsprechende Themen und beschleunigen so den eigenen Weg in die innere Kraft, welche dann nach außen dringen kann und so manch visuelle Gedanken und Träume wahr werden läßt.

Zuwendung und Zeit füreinander tun uns allen gut, und eine solche Massage ist ein wahres Geschenk des Herzens. Sie wird immer mit tiefstem Dank und höchster Freude genossen.

Na, Lust auf eine Fee?
Probieren Sie es einfach mal aus, denn die Massage erweckt so manch in sich gekehrte Fee zu einer nach außen strahlenden Persönlichkeit mit Charme, Eleganz und einer wissenden Schau von Vergangenheit und Zukunft.

Utensilien für die Feenmassage

Bezeichnung	Was es ist	Anmerkung/Bezugsquellen	Mögliche Alternativen
Feen-Lager	Massageliege oder Matratze	Ein bequemes, aber auch festes Lager, so daß Sie gut massieren können. Idealerweise mit Leintuch in Blau (Farbwirkung!)	Andere feentypischen Farben, vorzugsweise Königsblau, dkl. Blau, hellblau (Badehandtücher, Stofftücher oder Decken)
Feen-Energie-strahl	Heizlüfter oder andere gute Wärmequelle	Der Raum muß für die Massage sehr warm sein, da auch mit Flüssigkeit massiert wird.	Eine gute Möglichkeit sind auch Infrarotstrahler, wie sie z. B. über Wickeltischen

Bezeichnung	Was es ist	Anmerkung/Bezugsquellen	Mögliche Alternativen
			eingesetzt werden (falls noch vorhanden).
Feen-Gedanken-Krafttuch	Blau glänzendes Stofftuch, blaues Badehandtuch und blaues Handtuch	Im eigenen Haushalt oder in Kaufhäusern, evtl. Versandhandel	
Vollmond-Quell-Kraft-Wasser	Karaffe mit kaltem Wasser + transparente Plastikschüssel	Je schöner die Gefäße sind, desto besser für den Augenschmaus und die ganzheitliche, sinnliche Massageerfahrung	Irgend etwas Nettes, Exotisches oder Ungewöhnliches findet sich in jedem Haushalt.
Feen-Tränen	Chalcedon-Bergkristall-Essenz	Im Mineralienhandel oder direkt bei den Herstellern erhältlich.*	Bergkristall- und Chalcedon-Rohsteine mehrere Tage in Wasser legen
Feen-Mondlicht-Sternen-wasser	Mixtur aus: Provitamin B5, Meeresmineralien, Blaualgen, Blütenextrakten, Hibiskus, Blumengardenie, Sternenglitter, Duftkomposition Lady Faith	Hautpflegende Mixtur mit Vitaminen, Mineralien und anderen stärkenden Substanzen. Duftkomposition Lady Faith für die geistige Öffnung, harmonisierend ... Da in der Herstellung aufwendig, können kleine Mengen bei der Vielfaltoase* bezogen werden.	Eine eigene hautpflegende Mixtur aus natürlichen Bestandteilen. Meine persönliche Empfehlung: Gute, fachgerechte Beratung in Bioläden!
Feen-See	Körperwarmes Wasser mit Bergkristall-Chalcedon-Essenz	Mischung von Vollmond-Quell-Kraftwasser (kalt), Feen-Tränen (10 Tropfen Bergkristall-Chalcedon-Essenz) und Feen-Geisir-Wasser (heißes Wasser), so daß eine angenehme körperwarme Temperatur erreicht wird.	Bergkristall-Chalcedon-Wasser statt Bergkristall-Chalcedon-Essenz (siehe »Feen-Tränen« oben).

Bezeichnung	Was es ist	Anmerkung/Bezugsquellen	Mögliche Alternativen
Feen-Geisir	1 Liter heißes Wasser	1 Liter Wasser im Wasserkocher kochen und mit geschlossenem Deckel stehen lassen	Wasser vor der Massage kochen und dick in Tücher eingewickelt warmhalten.
Feen-Garten	Muschelschale	Aus dem eigenen Haushalt oder aus Kaufhäusern	Irgend etwas Nettes, Exotisches oder Ungewöhnliches findet sich in jedem Haushalt.
Feen-Magie-Tropfen	Kleine Labradorit-Trommelsteinchen in Wasser eingelegt	Erhältlich im gut sortierten Mineralienhandel oder bei der Vielfaltoase.	Wenn bestimmte Steinsorten nicht zu finden sind, verwenden Sie andere Steine mit ähnlichen Wirkungen.
Feen-Milch	Aloe Vera Liquid Soap	Feuchtigkeitsspendende Flüssigseife mit 33% Aloe Vera Anteil und ausgewogenem pH-Wert. Zu beziehen bei selbständigen Beratern der Fa. Forever Living Products GmbH oder bei der Vielfaltoase*.	Ähnliche hochwertige Aloe Vera Produkte oder andere feuchtigkeitsspendende Flüssigseifen mit ausgewogenem pH-Wert. Z. B.: Santa Verde, spezialisiert auf breites Sortiment an kosmetischen Produkten auf Aloe Vera Basis.*
Feen-Energie-Schutz	Aloe Vera Lotion + Aloe Vera First Spray	Die Aloe Vera Lotion (68% reines Aloe Vera Gel) und das Aloe Vera First Spray (78% reines Aloe Vera Gel) sind ein idealer Pflegeschutz und Feuchtigkeitsspender erster Güte durch Kollagen und Elastin als Struktursubstanzen, Allantoin, Jojobaöl, Aprikosenkernöl, Kamillenextrakt und die Vitamine C, E (Antioxidantien). Aloe Vera First Spray enthält Bienenpropolis und Allantoin sowie verschiedenen wertvollen Kräuter- und	Auch Santa Verde ist spezialisiert auf kosmetische Produkte mit Aloe Vera Anteil.*

116

Bezeichnung	Was es ist	Anmerkung/Bezugsquellen	Mögliche Alternativen
		Blütenextrakten (Ringelblume, Schafgarbe, Thymian, Kamille, Löwenzahn, Salbei, Eukalyptus, Passionsblume, Ingwer, Borretsch, Sandelholz). Das First Spray wirkt desinfizierend. ACHTUNG! Nicht verwenden bei Allergien gegen Propolis oder Korbblütler (Kamille)! Zu beziehen bei selbständigen Beratern der Firma Forever Living Products GmbH	
Feen-bekleidung	Blaue Waschlappen und blauen Schwamm	Im eigenen Haushalt oder in Kaufhäusern!	Waschlappen selber einfärben!
Feenhaar	Straußenfeder in blau gefärbt	Eurodeko-Backnang*	Eine andere sehr weiche Feder mit langen Verästelungen
Feen-Energiewirbel	Puschel in blau	In sämtlichen Drogeriemärkten zu erhalten.	Ihrer Phantasie sind hier keine Grenzen gesetzt!
Feen-Atem	Energetic Spray Harmonisierend, stimmungsaufhellend, geistige Öffnung ...	HP Sabine Schnider/Vielfaltoase*	Ein anderes Spray mit ähnlicher energetischer Wirkung, aber unbedingt auf Naturbasis.
Feen-Diener	Edelsteine getrommelt, geschliffen und als Rohstücke	Erhältlich im gut sortierten Mineralienhandel oder anderen Fachhändlern mit Mineraliensortiment, auch bei der Vielfaltoase.*	Wenn bestimmte Steinsorten nicht zu finden sind, verwenden Sie andere Steine mit ähnlichen Wirkungen.

Bezeichnung	Was es ist	Anmerkung/Bezugsquellen	Mögliche Alternativen
Feen-Diener	Trommel-steine flach und mittel-groß bis klein	Chalcedon blau, Verbindung der Welten Soldalith, Führer der Wahrheiten	
	Trommelsteine flach mini	Labradorit, Pfad der Erinnerungen	
	Kugel klar	Bergkristall, die Reinheit des Geistes	
	Rohsteine mittel	Calcit blau, ruhende Felsen Avalons	
	Hand-schmeichler mittelgroß	Girasol, innere Seelenreisen	
	Massagegriffel	Rosenquarz, die Kraft des Sanften	
	Massagestab, gerundet, lang	Selenit, Mitte des Ichs	

* siehe auch Bezugsquellen im Anhang

Durchführung der Feenmassage:

01. Bereitstellen der Materialien (Utensilien und Steine für die Massage).

02. Bequeme Position für die zu behandelnde Person und ausreichend Wärme.

03. Sammlung, Schutz und bewußtes Einfühlen in die Welt der Feen. Die Feen-Tränen (Chalcedon-Bergkristallwasser) mit warmem Wasser (heißem Geisir-Quell-Wasser) mischen.

04. Mit blauem Waschlappen (Feenbekleidung) ins warme Tränen-Geisir-Quell-Wasser eintauchen, den Rücken sanft in diagonalen Wellenlinien vom rechten Schulterblatt her hinabstreichen.

05. Von der linken Schulter in diagonalen Wellenlinien hinabstreichen.

06. Blauen Waschlappen (Feenbekleidung) beiseitelegen.

07. Feen-Mondlicht-Sternenwasser behutsam auf den Rücken träufeln.

08. Mit den Fingerkuppen langsam über den Rücken in Wellenlinien verstreichen.

09. Mit dem Schwamm (Feenbekleidung) langsam den Rücken reinigen.

10. Aloe Vera Liquid Soap (Feenmilch) in die Hand und vorsichtig ins Tränen-Geisir-Quell-Wasser eintunken.

11. In kreisenden Bewegungen den Rücken einschäumen.

12. Mit dem Schwamm (Feenbekleidung) den Rücken reinigen.

13. Blaues Handtuch über den Rücken legen und durch gleichmäßigen sanften Druck trocknen.

14. Mit Energetic-Spray über den Rücken sprühen.

15. Bergkristallkugel am Nacken anlegen und mit der Handinnenseite über den Rücken rollen (Öffnung ins Feenreich).

16. Dann Bergkristallkugel am Kopfende ablegen.

17. Blaue Rohcalcite nach Empfinden auf den Rücken auflegen.

18. Mit Rosenquarz-Stab am linken Schulterblatt beginnend abstreichen Richtung Kreuzbein .

19. Mit Selenit-Stab am rechten Schulterblatt beginnend abstreichen Richtung Kreuzbein.

20. Mit Energetic-Spray über den Rücken sprühen.

21. Mit der Straußenfeder (Feenhaar) langsam über die Steine und den Rücken schwingen.

22. Langsam nach eigenem Empfinden die Chalcedone auflegen.

23. Mit dem Girasol über die noch freien Stellen am Rücken abstreichen.

24. Mit der Straußenfeder (Feenhaar) langsam über die Steine und den Rücken schwingen.

25. Mit Energetic-Spray über den Rücken sprühen.

26. Nun fallen in Wasser getränkte Feen-Magie- Tropfen (nasse Labradorit-Trommelsteinchen) auf den Rücken.

27. Nehmen Sie den blauen Puschel (Feen- Energiewirbel) und wirbeln Sie sanft über den ganzen Rücken des Kindes, bis alle Steine, auch jene, die sich festgesaugt haben, abgefallen sind.

28. Den Puschel (Feen-Energiewirbel) zur Seite legen.

29. Mit Energetic-Spray nochmals über den Rücken sprühen.

30. Aloe Vera-Lotion mit First Spray (Feen-Energie-Schutz) mischen und den Rücken von oben nach unten einmassieren in geraden Bewegungen mit gespreizten Händen.

31. Rücktausch übernommener Energien und Auflösung im Raum hängender Energien.

32. Verabschiedung der Fee und Begrüßung des Kindes im Hier und Jetzt.

33. Das Kind die abgelegten Steine um den Körper anschauen lassen.

34. Kurz fragen, wie es ihm/ihr gefallen hat oder ggf. Fragen beantworten.

35. Bewußtes Loslassen der »Behandlerrolle«.

36. Reinigung der Edelsteine, lüften und ggf. Aufräumen des Behandlungsraumes.

Erzählen und mit dabeisein bei der Phantasie-Fühl-Reise zu der Fee

PKT. 01 - 03 VORBEREITUNG DER BEGEGNUNG MIT DER FEE

»Sehen kann ich dich nicht,
doch fühl ich dein Anders-Licht, zeigst dich in kristallenen Tränen
und hartem Eis, bist gar farblos, bist gar weiß!«

Feen-Tränen (Chalcedon-Bergkristallwasser) mit warmem Wasser
(heißem Geisir-Quell-Wasser) mischen (ohne Abbildung).

PKT. 04 - 06 DAS FEENKLEID,
DER GEISIR UND DIE ENERGIEWELLEN

»Königliches Feenkleid, trag mich
hinfort, trag mich bitte weit!«

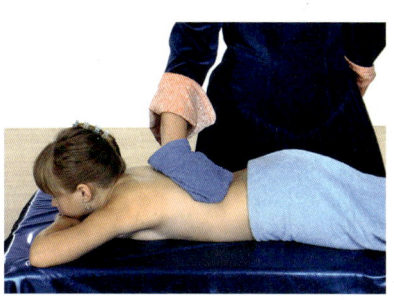

Mit blauem Waschlappen (Feen-
bekleidung) ins warme Tränen-
Geisir-Quell-Wasser eintauchen den
Rücken sanft in diagonalen Wellen-
linien vom rechten Schulterblatt her
hinabstreichen, von der linken
Schulter in diagonalen Wellenlinien
hinabstreichen, dann blauen
Waschlappen (Feenbekleidung)
beiseitelegen.

121

Pkt. 07 Feen-Mondlicht-Sternenwasser

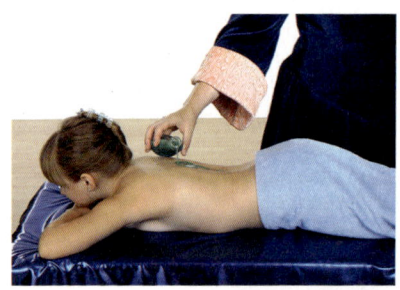

*»Feen-Mondlicht-Sternenwasser,
hüllt ein, macht nasser!«*

*Feen-Mondlicht-Sternenwasser
behutsam auf den Rücken träufeln.*

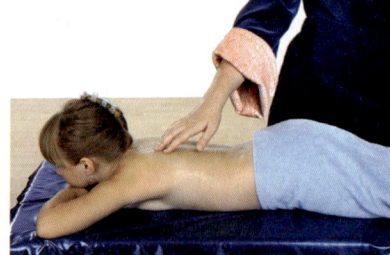

Pkt. 08 - 09 Elfenbekleidung

*»Mein Kind, mein Kleid,
bist du jetzt bereit?«*

*Mit den Fingerkuppen langsam
über den Rücken in Wellenlinien
verstreichen, dann mit dem
Schwamm (Feenbekleidung)
langsam den Rücken reinigen.*

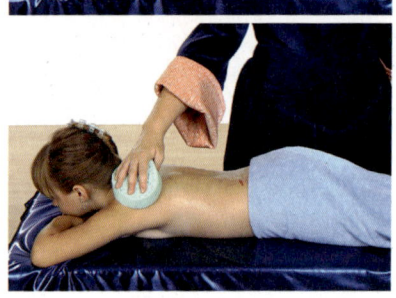

Pkt. 10 Feen-Milch

*»Komm mit, mein Kind, und
nähre dich, die warme Feen-Milch
ist hier für dich!«*

*Aloe Vera Liquid Soap (Feenmilch)
in die Hand und vorsichtig ins
Tränen-Geisir-Quell-Wasser eintunken
(ohne Abbildung).*

PKT. 11 - 12 FEENBEKLEIDUNG

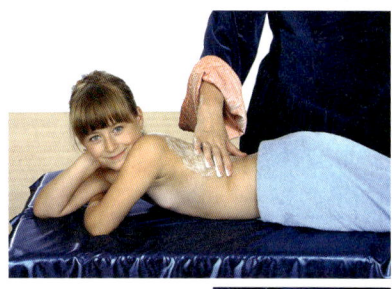

»Mein Name ist Sirijana und ich bin deine Schutzfee des Wissens und der Weisheit! Komm begleite mich in mein Reich!«

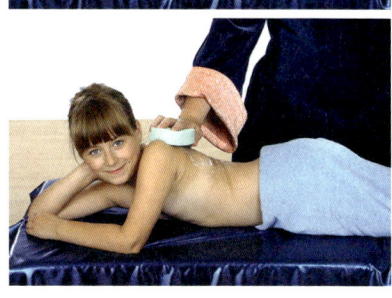

In kreisenden Bewegungen den Rücken einschäumen und mit dem Schwamm (Feenbekleidung) den Rücken reinigen.

PKT. 13 FEE-GEDANKENKRAFT-TUCH

»Nacht, oh Nacht, zeig Jenny unsere Macht!«

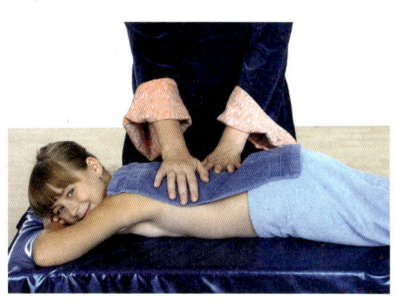

Blaues Handtuch über den Rücken legen und durch gleichmäßigen sanften Druck trocknen.

PKT. 14 FEEN-ATEM

»Nebel des Guten, Nebel des Verhangenen, öffne dich für uns zum Vergangenen.«

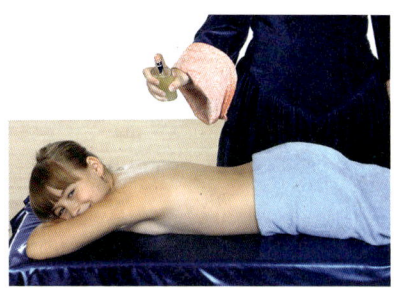

Mit Feen-Energetic-Spray über den Rücken sprühen.

»Großer Geist des Reinen, laß uns uns wieder vereinen!«

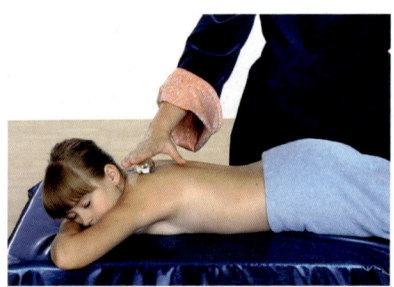

Bergkristallkugel am Nacken anlegen und mit der Handinnenseite über den Rücken rollen (Öffnung ins Feenreich), dann Bergkristallkugel am Kopfende ablegen.

PKT. 17 RUHENDE FELSEN AVALONS

»Ruhende Felsen Avalons, sind für uns wie für Euch Bonbons!«

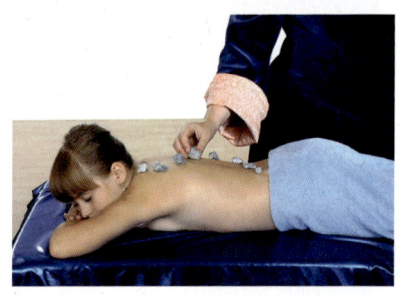

Blaue Calcite auf den Rücken auflegen.

PKT. 18 DIE KRAFT DES SANFTEN

»Die Kraft des sanften Tuns möge von nun an in dir ruhn!«

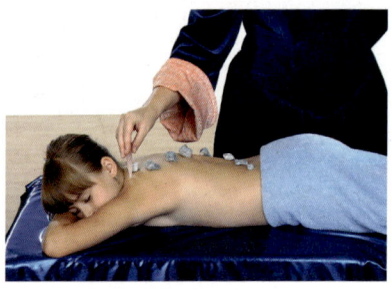

Mit Rosenquarz-Stab am linken Schulterblatt beginnend abstreichen Richtung Kreuzbein.

PKT. 19 MITTE DES ICHS

»Möge die Kraft deines Herzen mit dir sein, auf all deinen künftigen Wegen frei von Pein!«

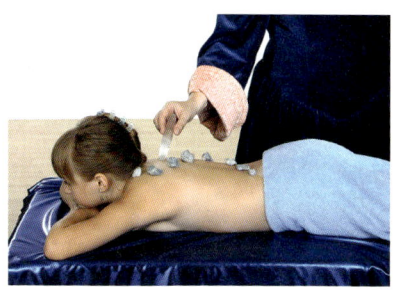

Mit Selenit-Griffel am rechten Schulterblatt beginnend abstreichen Richtung Kreuzbein.

PKT. 20 FEEN-ATEM

»Alverlofiray, Alverlofiray, Alverlofiray, sei immer im Schutz mit dabei!«

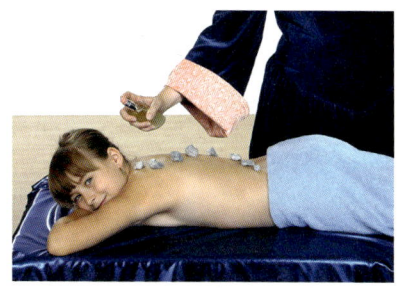

Mit Energetic-Spray über den Rücken sprühen.

PKT. 21 FEENHAAR

»Feenhaar sei immerdar!«

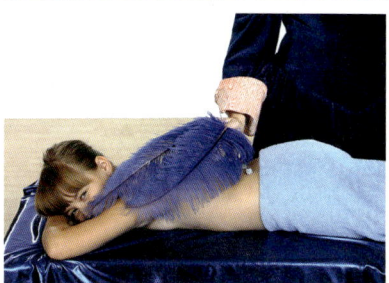

Mit der Straußenfeder (Feenhaar) langsam über die Steine und den Rücken schwingen.

PKT. 22 VERBINDUNG DER WELTEN

»Gedankenkraft, Gedankenkraft, welche die Verbindung schafft!«

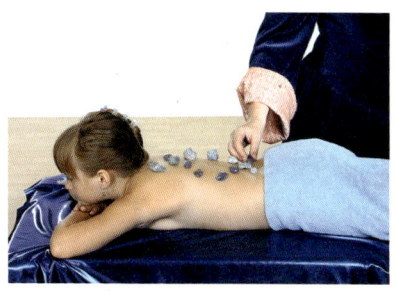

Langsam nach eigenem Empfinden die Chalcedone auflegen.

Pkt. 23 Innere Seelenreisen

»Frei und losgelöst die Seelenreise,
find des Wassers magisch Kreise.«

Mit dem Girasol über die noch freien
Stellen am Rücken abstreichen.

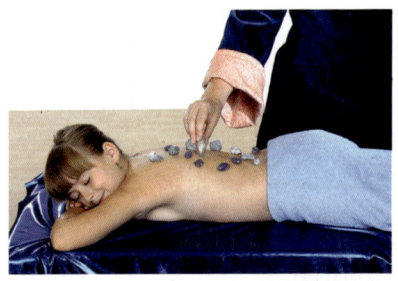

Pkt. 24. Feenhaar

»Feenhaar, Feenhaar,
vergiß niemals, wie schön es war!«

Mit der Straußenfeder (Feenhaar)
langsam über die Steine und den
Rücken schwingen.

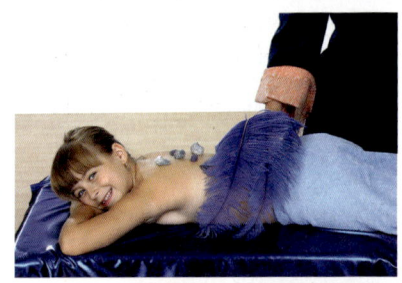

Pkt. 25 Feen-Atem

»Alverlofiray, Alverlofiray, Alverlo-
firay, sei immer Schutz mit dabei!«

Mit Energetic-Spray über
den Rücken sprühen.

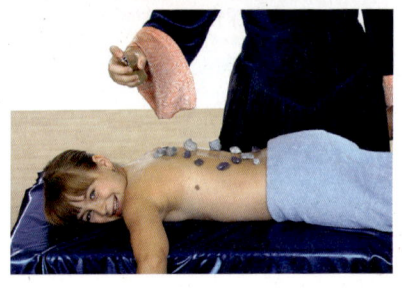

Pkt. 26 Pfad der Erinnerungen

»Pfade der Wahrheit, bereit für
Klarheit, Pfade der Illusion, stärkt
die Reflektion, Pfade des Vergesse-
nen, betrachte im eignen Ermes-
senden!«

Nun fallen in Wasser getränkte
Feen-Magie-Tropfen auf den Rücken.

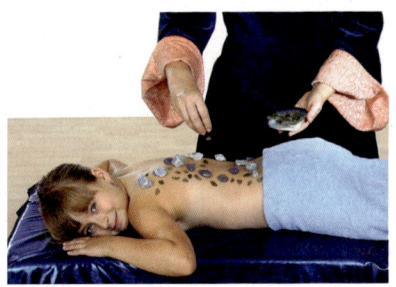

126

»Bewahre die Erinnerung, nimm sie als Geschenk der Erheiterung!

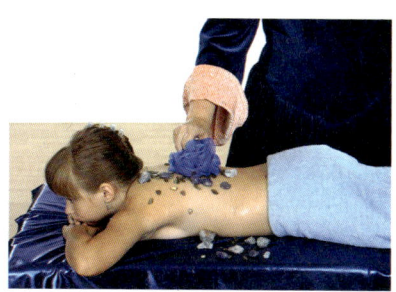

Nehmen Sie den blauen Puschel (Feen-Energiewirbel) und wirbeln Sie sanft über den ganzen Rücken des Kindes, bis alle Steine, auch jene die sich festgesaugt haben, abgefallen sind. Dann den Puschel zur Seite legen.

PKT. 29 FEEN-ATEM

»Alverlofiray, Alverlofiray, Alverlofiray, sei immer Schutz mit dabei!«

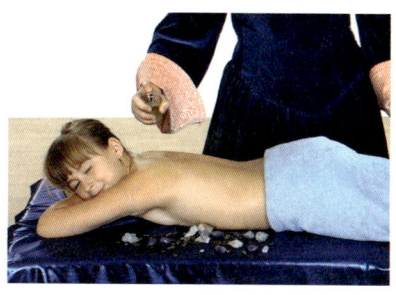

Mit Energetic-Spray nochmals über den Rücken sprühen.

PKT. 30 FEEN-ENERGIE-SCHUTZ

»Der Feenschutz begleitet dich auf deinen Wegen, von uns hast du den guten Herzens-Segen!«

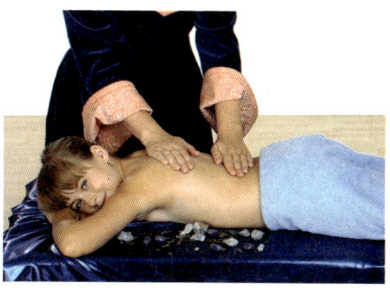

Aloe Vera-Lotion mit First Spray (Feen-Energie-Schutz) mischen und den Rücken von oben nach unten in geraden Bewegungen einmassieren.

127

Wirkungen der »Feen-Steine«

Bergkristall-Kugel, die Reinheit des Geistes

Zur Kraftgebung, als Energiespender, zur Linderung geistiger Not und zur Erfrischung soll er dienen. So läßt er innere Spannungen abfließen, die Umgebung klarer und besser erkennen und löst starre Aufmerksamkeiten auf. Er hilft, unseren inneren Kern zu finden und bringt die tiefe Erinnerungsfähigkeit zurück auf der Reise mit Sirijana.

Körperlich wirkt er fiebersenkend, entspannend, fördernd auf den Energiefluß, die Ausleitung und auf die Tätigkeit der Drüsen. Schmerzen, Schwellungen, Übelkeit und Durchfall werden gelindert und die Gehirnhälften harmonisiert.

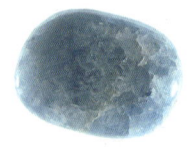

Calcit blau, ruhende Felsen Avalons

Bringt Ruhe, sicheres Dasein im Innern wie im Außen, mit scharfem Gedächtnis und feinstem Urteils- bzw. Unterscheidungsvermögen.

Körperlich stärkend auf die Lymphe, Schleimhäute, Haut, Dickdarm, Bindegewebe, Knochen und Zähne.

Chalcedon blau, Verbindung der Welten

Das gute Schwingen zwischen Ruhe und entspanntem Aufpassen, zwischen völlig im Hier-und-Jetzt sein und dem träumenden Gedankennachhängen. Hilft, vorhandene Schwierigkeiten abzubauen und sich auf kommende Situationen einzustellen.

Körperlich lindernd bei Wetterfühligkeit, Atemwegsbeschwerden, Fieber und Diabetes.

Girasol, innere Seelenreisen

Losgelöst und frei, Unruhe und Unzufriedenheit zurücklassend, der Sehnsucht folgend, verborgenes Wissen wiederzufinden, um dann den eigenen Wünschen Folge zu leisten.

Körperlich lösen sich Anspannung, Lymphknotenschwellungen und Verhärtungen auf.

Rosenquarz, die Kraft des Sanften

Durch die im Herzen innewohnende Kraft entsteht ein feineres Fühlen und Empfinden im Außen. Mit offenen Augen und bereitem Herzen wird gerne geholfen und mit der Liebe zu sich selbst den eigenen Wünschen nachgegangen. Sanft und dennoch bestimmt wird der eigene Weg mit weitem Herzen verfolgt.

Körperlich harmonisiert sich der Herzrhythmus.

Labradorit, Pfad der Erinnerungen

Die Unterschiede zwischen Illusion und Wahrheit erkennen lernen, die eigene Gefühlstiefe fühlen und mediale Gaben nutzen für das alltägliche Dasein. Vergessene Erinnerungen zulassen und reflektieren.

Körperlich lindernd bei Atemwegserkrankungen, Kälteempfindlichkeit, Energieverlust, Halsbeschwerden, höherem Blutdruck, Rheuma und Gicht.

Selenit, Mitte des Ichs

Das Wissen um die eigene Kraft läßt unbrauchbare Angewohnheiten dahinschwinden, schenkt inneren Halt und Schutz vor äußeren Versuchungen. Selbst Gereiztheit und ein Zuviel an Aktivität, die durch innere Spannung hervorgerufen wird, sind gezügelt durch den Schutz des Ichs der eigenen Mitte.

Körperlich festigt sich Gewebe, und Schmerzen lassen nach.

Sodalith,
Führer der Wahrheiten

Die Suche der Wahrheit in sich selbst, das Streben nach Aufrichtigkeit und Geradlinigkeit helfen, besser bei sich zu bleiben und eigene Meinungen zu bewahren. Vorhandene Schuldgefühle lösen sich durch steigende Bewußtheit.

Körperlich werden Heiserkeit, Stimmverlust, Fieber, Übergewicht und Bluthochdruck gelindert und die Flüssigkeitsaufnahme angeregt.

Wirkungen der »Feen-Essenz«

Bergkristall-Chalcedon Essenz verschafft ein gutes Gleichgewicht zwischen dem Verstehen und dem Fühlen. Es fördert die Konzentration, die Selbständigkeit, Kreativität und klares Denken. Emotionale Wunden können heilen und weibliche Gefühle sich entfalten. Auf die Chakren wirkt diese Essenz reinigend.

Körperlich unterstützend bei Hautleiden.

Wirkungen weiterer Materialien

Das Feen-Gedankenkraft-Tuch

Ein blau glänzendes Stofftuch, welches leicht kühl und metallisch auf das Hautempfinden ausstrahlt. Edel und wie von einer anderen Welt, eben aus der Feenwelt.

Das Feen-Mondlicht-Sternenwasser

Besonders hautpflegend und mit rückfettenden Pflegekomponenten versehen durch Provitamin B5, Meeresmineralien, Blaualgen, Blütenextrakten, Hibiskus, Blumengardenie, Sternenglitter und die Duftkomposition Lady Faith, welche harmonisierend, entspannend, stimmungsaufhellend, auf die Konzentration und die geistige Öffnung wirkt.

Der Feen-Garten

Die Muschelschale dient als visueller Behälter für die Labradorit-Steinchen, die in Wasser getränkt sind.

Die Feen-Milch

Die Aloe Vera Liquid Soap ist eine besonders feuchtigkeitsspendende und bakterizid wirkende Flüssigseife mit einem reinen Anteil von 33% Aloe Vera-Gel. Ihr ausgewogener pH-Wert reinigt schonend und trocknet die Haut nicht aus.

Der Feen-Energie-Schutz

Die Aloe Vera Lotion und das Aloe Vera First Spray sind ein idealer Pflegeschutz für trockene Haut. Sie sind ein wahrhafter Feuchtigkeitsspender erster Güte. Aloe Vera enthält wichtige Bestandteile für die Haut, nämlich 68% Aloe Vera-Gel, Kollagen und Elastin als Struktursubstanzen, Allantoin, Kamillenextrakt, Jojobaöl, Aprikosenkernöl und die Vitamine A, C, E

(Antioxidantien). Die Aloe Vera Lotion läßt die Haut auftanken und samtig weich werden.

Durch die Kombination mit Aloe Vera First Spray, welches einen Aloe Vera-Gel Anteil von 78% enthält, ebenfalls mit Bienenpropolis und Allantoin sowie verschiedenen wertvollen Kräuter- und Blütenextrakten (Ringelblume, Schafgarbe, Thymian, Kamille, Löwenzahn, Salbei, Eukalyptus, Passionsblume, Ingwer, Borretsch, Sandelholz) ist eine optimale Versorgung der Haut garantiert. Das First Spray wirkt desinfizierend.

ACHTUNG! Nicht verwenden bei Allergien gegen Propolis oder Korbblütler (Kamille)!

Die Feenbekleidung
Waschlappen und Schwamm dienen der Körperwahrnehmung. Der Waschlappen, warm, weich und wohlig, der Schwamm, sehr saugfähig, fühlt sich wie ein weiches Badestofftier an.

Das Feenhaar
Die Straußenfeder in blau dient zur Sinneswahrnehmung über das größte Organ, die Haut. Die Federn zu spüren und gleichzeitig den Luftzug, den sie hinterläßt, ebenso das leichte Kitzeln sind Qualitäten, die im heutigen Alltag kaum mehr gekannt werden.

Der Feen-Energiewirbel
Der blaue Puschel fühlt sich an wie das Königinnenkleid einer Barbiepuppe und läßt von einem eigenen wundervollen Kleid träumen.

Der Feen-Atem
Das Energetic-Spray Lady Faith ist eine spezielle Duftkomposition, welche harmonisierend, entspannend, stimmungsaufhellend, auf die Konzentration und die geistige Öffnung wirkt.

Anhang

Wo finde ich was?

Drachen-, Troll-, Elfen- und Feensteine

In gut sortierten Mineralien-Fachgeschäften oder anderen Fachgeschäften mit Mineraliensortiment. Auch bei der Vielfaltoase*. Wichtig ist hier kompetente Beratung, Reinheit und Echtheit der Edelsteine.

Aloe Vera Produkte

Aloe Vera Liquid Soap, Aloe Vera Lotion und Aloe Vera First Spray finden Sie bei unabhängigen Beratern der Firma Forever Living Products (www.forever-living-products.com) oder bei der Vielfaltoase*.

Alternativen zu Forever Living Produkten finden Sie bei der Fa. Santa Verde (www.santaverde.de), die ebenfalls hervorragende Produkte auf Aloe Vera Basis bietet. Diese sind in jedem gut sortierten Bioladen zu beziehen.

Edelstein-Essenzen

In gut sortierten Mineralien-Fachgeschäften oder anderen Fachgeschäften mit Mineraliensortiment. Auch bei der Vielfaltoase*.

Empfohlene Hersteller: **Edelsteen Remedies**, Amandus Korse, De Bongerd 23, NL-6584 DG Molenhoek, Tel.: 080-583 380, Fax: 080-587 147. **United Nature**, Firos Holtermann ten Hove, Eisenbolz 7, D-87480 Weitnau, Tel.: 08375-974 856, Fax: 08375-88 81. **Atlantis Quintessenzen**, Rolphe Alcide Grimaître, Wülflingerstrasse 28a, CH-8400 Winterthur, Tel.: 052-22 300 22, Fax: 052-22 292 66

Elbenöl

Elbenöl können sie aus den angegebenen Zutaten selbst mischen oder bei der Vielfaltoase* sowie HP Harald Fleig, Görlitzer Straße 7, 79664 Wehr, Tel.: 077 62-72 60 bestellen.

Elfen-Wunschwasser

Das Elfen-Wunschwasser können sie aus den angegebenen Zutaten selbst mischen oder bei der Vielfaltoase* bestellen.

Energetic-Spray

Die Lichtquelle, HP Sabine Schnider, Hindenburgstraße 54, 73760 Ostfildern, Tel.: 0711-6568670, eMail: schnider.esslingen@t-online.de, www.die-licht-quelle.de; oder bei der Vielfaltoase*

Feen-Mondlicht-Sternenwasser

Das Feen-Mondlicht-Sternenwasser können sie aus den angegebenen Zutaten selbst mischen oder bei der Vielfaltoase* bestellen.

Forever Bee Honey

Forever Bee Honey ist einzigartig in seiner Kombination aus Honig, Pollen, Propolis und Gelee Royale. Zu beziehen bei bei unabhängigen Distributoren der Firma Forever Living Products (www.forever-living-products.com) oder bei der Vielfaltoase*.

Alternativ gibt es nur Blütenpollen Honig, Gelee Royal Honig oder Propolis Honig, leider nicht alles in einem. Siehe auch www.hoyer-vital.de. Hoyer Honig ist in gut sortierten Bioläden erhältlich bzw. kann dort bestellt werden. Lassen Sie sich am besten in Ihrem Bioladen beraten.

Greifvogelfedern

Eurodeko-Backnang °GH/EZ, Frau Martina Lehmann-Saraccino, Donaustraße 4, 71522 Waldrems (direkt neben Wohnland), Tel.: 07191-83953, Fax: 07191-980005, eMail: eurodeko-backnang@t-online.de, www.eurodeko-backnang.de; oder evtl. auf Mittelaltermärkten, in Zoos und Falknereien!

Handschuhe, Puschel & Schwämme

In Drogeriemärkten und Kaufhäusern.

Heilerde/Wascherde
Am besten in gut sortierten Bioläden zu beziehen! Empfehlenswerte Produkte gibt es u.a. von den Firmen Terra Soleil: www.terrasoleil.de (Heilerde) oder Tautropfen: www.tautropfen.de (Wascherde)

Kaninchenfell
Gibt es manchmal als »Haargummi« in Drogeriemärkten und Kaufhäusern.

Karaffe
In jedem Haushaltswarengeschäft oder im eigenen Haushalt zu finden.

Muschelschale
In gut sortierten Mineralienfachgeschäften oder in Kaufhäusern, Krämerläden oder bei der Vielfaltoase*.

Seidenpapier säurefrei
Evtl. bei Goldschmieden, Masseuren (Breuß-Dorn-Massage) oder bei Vielfaltoase*

Seifenblasen
Überall zu bekommen oder selber machen!

Stofftuch metallisch glänzend
Eurodeko-Backnang °GH, Frau Martina Lehmann-Saraccino, Donaustraße 4, 71522 Waldrems (direkt neben Wohnland), Tel.: 07191-83953, Fax: 07191-980005, eMail: eurodeko-backnang@t-online.de, www.eurodeko-backnang.de

Straußenfedern natur
Metro-Märkte und größere Kaufhäuser.

Straußenfedern gefärbt

Eurodeko-Backnang °GH, Frau Martina Lehmann-Saraccino, Donaustraße 4, 71522 Waldrems (direkt neben Wohnland), Tel.: 07191-83953, Fax: 07191-980005, eMail: eurodeko-backnang@t-online.de, www.eurodeko-backnang.de

Tierfelle

Zu finden im Handel mit Leder- und Fellprodukten; z.B.: Worring Leder GmbH °GH, Neckarstraße 12-16, 45478 Mülheim an der Ruhr, Tel.: 0208-52602, Fax: 0208-592071, eMail: infoleder@web.de, www.worring-leder.de, www.worring-leder.com; oder evtl. auf Mittelaltermärkten etc.

Troll-Trank

Den Troll-Trank können sie aus den angegebenen Zutaten selbst mischen oder bei der Vielfaltoase* bestellen.

Viskosetuch

In Kaufhäusern in den Abteilungen für Hals-, Kopf- und Hüfttücher.

Zaubertrank

Den Zaubertrank können sie aus den angegebenen Zutaten selbst mischen oder bei der Vielfaltoase* bestellen.

*Vielfaltoase °GH/EZ

Gabriele Simon, In den Schafwiesen 20/1a, 71720 Oberstenfeld
Tel.: 07062-674598, Fax: 07062-674596
eMail : aloevera.simon@tiscali.de
www.heilsteinwelten.de

°GH = Großhandel / EZ = Einzelhandel

Die Autorin

Gabriele Simon beschäftigt sich seit 1994 mit der Steinheilkunde. Aus einer »Kindheits-Liebschaft« wurde ein tiefes Band der Liebe und daraus entstand ihre »Berufung«. Neben Beratungen, Edelsteindeutungen, Vorträgen und Seminaren wurde 1996 der Mineralienhandel gegründet, 1997 wurden die kraftvollen Mineral-Heilstein-Ketten entwickelt und 1998 durch die Geburt ihres Sohnes die Wurzel der Kinder-Heilstein-Ketten gelegt. Ihre erste Buchveröffentlichung war im Jahr 1998 »Das Familien-Heilstein-Bilderbuch«. Im Jahr 2002 erweiterte sie ihr Wissen als Ernährungsberaterin und um die Aloe Vera Massagen. Im Jahr 2003 kamen die Breuss-Dorn-Fleig Massagen sowie die Arbeit mit dem Biotensor hinzu und im Jahr 2004 der Schöpfungsakt der Drachen- Feen- Elfen- und Trollmassagen. Schwerpunkt ihrer momentanen Tätigkeit sind Massagen, die Arbeit mit den Schöpferinnen-Ketten und ein Buch hierzu (2006) sowie Seminare, Workshops und Vorträge.

Foto: Jürgen Mathes

Kontaktadresse:
Gabriele Simon,
In den Schafwiesen 20/1a,
71720 Oberstenfeld
Tel.: 070 62 - 674 598,
Fax: 070 62 - 674 596
eMail : aloevera.simon@tiscali.de
www.heilsteinwelten.de

Edition Cairn Elen

»Nachdem Elen ihre Wanderung durch die Welt vollendet hatte, setzte sie einen Cairn ans Ende des Sarn Elen. Dann wandte sich ihr Weg zurück ins Land zwischen Abend und Morgen. Aus diesem Cairn stammen alle Steine, die bis heute an den Kreuzungen der Wege die Richtung weisen.«[1]

(aus einer keltischen Sage)

»Cairn Elen« – so werden im gälischen Sprachraum die alten Steinsetzungen am Wegesrand genannt. Sie markieren die geistigen Pfade, sowohl die Pfade der Erde als auch die Pfade des Wissens.

Diese Pfade geraten zunehmend in Vergessenheit. So wie die alten Pfade der Erde unter modernen Asphaltstraßen verschwinden, so verschwindet auch manch altes Wissen unter der Datenflut moderner Erkenntnisse. Wunsch und Anspruch der Edition Cairn Elen ist es daher, Wissen aus alter Zeit zu bewahren und mit modernen Erkenntnissen zu verbinden – für eine blühende Zukunft!

Die Edition Cairn Elen im Neue Erde Verlag wird von Anja und Michael Gienger herausgegeben. Ziel der Edition ist es, bislang unveröffentlichtes Wissen aus Forschung und Tradition vorzustellen. Schwerpunkte sind Natur, Heilkunde und Gesundheit sowie Bewußtsein und geistige Freiheit.

Neben aktueller Fachliteratur werden im Rahmen der Edition Cairn Elen auch Erzählungen, Märchen, Romane, Lyrik und künstlerische Veröffentlichungen publiziert. Das vermittelte Wissen wendet sich nicht nur an den Kopf, sondern auch an das Herz der Menschen.

Edition Cairn Elen, Anja & Michael Gienger,
Stäudach 58/1, D-72074 Tübingen, Tel./Fax: 070 71 - 364 720,
Mail: buecher@michael-gienger.de, Internet: www.michael-gienger.de

Mehr zu Edelstein-Massagen, weiteren Veröffentlichungen, Veranstaltungen, Seminaren und Ausbildungen finden Sie im Internet unter www.edelstein-massagen.de
Mehr zur Steinheilkunde unter www.steinheilkunde.de

---

[1] kelt. »cairn [sprich: kärn]« = »Stein«, »sarn« = »Weg«, »Elen, Helen« = »Göttin der Wege«

Michael Gienger u.a.

Edelstein-Massagen

Das Grundlagenwerk zum Massieren mit Edelsteinen. Mit einer Einführung von Michael Gienger sowie Beiträgen namhafter Autoren zur Intuitiven Edelsteinmassage, zum »Unwinding« mit Edelsteinen, zur Reflexzonenarbeit mit Edelsteingriffeln, zur Bernsteinmassage und zur Massage mit Edelsteinkugeln.
160 Seiten, Paperback

Michael Gienger

Die Steinheilkunde

Das erste Handbuch, das die Steinheilkunde als eigenständige Heilweise vorstellt und mit vier grundlegenden Prinzipien einen Schlüssel bietet, mit dem jede/r selbst die Wirkungsweise eines Steins aus dessen mineralogischen Eigenschaften ableiten kann.
420 Seiten, Paperback oder Hardcover

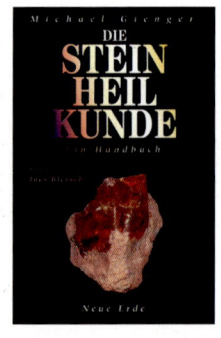

Michael Gienger

Lexikon der Heilsteine

Das nach wie vor verläßlichste Nachschlagewerk der Steinheilkunde. Mehr als 450 Gesteine, Mineralien und Varietäten werden präzise in ihren mineralogischen und heilkundlichen Eigenschaften beschrieben. Eine gut verständliche Einführung sowie ein umfangreicher Index runden das Werk ab.
576 Seiten, Hardcover

Michael Gienger

Die Heilsteine Hausapotheke

Hier gesucht, heißt schnell gefunden! In diesem zuverlässigen, praxiserprobten Ratgeber werden über 160 Erkrankungen bzw. seelische Beschwerden besprochen sowie die Möglichkeiten und Grenzen ihrer steinheilkundlichen Therapie erläutert.

Erweiterte Neuausgabe, ca. 288 Seiten, Paperback

Michael Gienger

Die Heilsteine der Hildegard von Bingen

Dieses Buch bietet die Texte Hildegards von Bingen in ungekürzter Länge samt mineralogischen und heilkundlichen Erläuterungen von Michael Gienger. Hier werden erstmals alle Steinnamen Hildegards richtig übersetzt und mit modernen Erkenntnissen verglichen.

144 Seiten, Paperback

Luna S. Miesala-Sellin, Michael Gienger

Stein und Blüte

Das Ganze ist mehr als die Summe der Teile – das zeigt sich auch in der Ergänzung von Bachblüten und Heilsteinen: Wo Vergänglichkeit und Beständigkeit sich begegnen, entsteht etwas neues – der spontane Moment der Heilung!

224 Seiten, Paperback

Ursula Dombrowsky

Wenn Steine erzählen

Steinheilkunde für Kinder: In diesem Buch erzählen die Steine in Ich-Form von ihrer Entstehung und ihren Wirkungsweisen. Auf kindgerechte Weise wird das fundierte Wissen über 40 Heilsteine vermittelt und die ganzseitigen Bilder tragen das Ihre dazu bei. Für Kinder von 8 bis 12 Jahren.

112 Seiten, Paperback

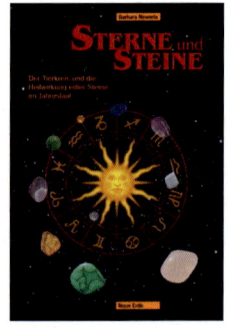

Barbara Newerla

Sterne und Steine

Ein praxisorientiertes Buch, das die Grundlagen der Astrologie leicht verständlich erläutert und mit der Analytischen Steinheilkunde in Verbindung bringt. Inzwischen ein Klassiker der Steinheilkunde-Literatur.

176 Seiten, Hardcover

Michael Gienger, Gisela Glaser

SALZ – Nahrungsmittel, Heilmittel oder Gift?

In diesem kleinen Ratgeber erfahren Sie alles Wissenswerte über Salz: Seine Herkunft, Heilkraft, Wirkung und vor allem die richtige Anwendung! Salz kann tatsächlich ein Heilmittel für viele Beschwerden sein, wenn wir wissen, wie!

128 Seiten Taschenformat, Paperback

Michael Gienger
Heilsteine – 430 Steine von A bis Z

Das kleine Verzeichnis für den schnellen Überblick: Die wichtigsten Informationen zu 430 Heilsteinen werden hier knapp und übersichtlich und doch sorgfältig und genau in Wort und Bild dargestellt.

96 Seiten Taschenformat mit 430 Farbfotos, Paperback

Josef Zerluth, Michael Gienger
Gutes Wasser

Ein ganzheitlicher Führer zu guter Wasserqualität. In diesem Buch wird das Wesen und Wirken des Wassers von allen Seiten beleuchtet, so daß alle LeserInnen die abschließend vorgestellten Verfahren der Wasserbehandlung selbst beurteilen können.

272 Seiten, durchgehend farbig, Paperback

Daya Sarai Chocron
Die Gaben des Meeres

Die Heilkraft der Muscheln, Schnecken und Korallen

Nicht umsonst ist die Spirale ein Symbol für das Leben, für Entwicklung und Evolution. Und so wirken spiralige Schneckenhäuser auch entsprechend: Sie heilen durch den Impuls der Erneuerung.

96 Seiten, durchgehend farbig, Paperback

Bücher von NEUE ERDE im Buchhandel
Im deutschen Buchhandel gibt es mancherorts Lieferschwierigkeiten bei den Büchern von NEUE ERDE. Dann wird Ihnen gesagt, dieses oder jenes Buch sei vergriffen. Oft ist das gar nicht der Fall, sondern in der Buchhandlung wird nur im Katalog des Großhändlers nachgeschaut. Der führt aber allenfalls 50% aller lieferbaren Bücher. Deshalb: Lassen Sie immer im VLB (Verzeichnis lieferbarer Bücher) nachsehen, im Internet unter **www.buchhandel.de**
Alle lieferbaren Titel des Verlags sind für den Buchhandel verfügbar.

Sie finden unsere Bücher in Ihrer Buchhandlung oder im Internet unter **www.neueerde.de**
Bücher suchen unter: **www.buchhandel.de**. (Hier finden Sie alle lieferbaren Bücher und eine Bestellmöglichkeit über eine Buchhandlung Ihrer Wahl.)
Bitte fordern Sie unser Gesamtverzeichnis an unter

NEUE ERDE GmbH
Cecilienstr. 29 · D-66111 Saarbrücken
Fax: 0681 390 41 02 · info@neueerde.de